QU'EST-CE QUE TRADUIRE ?

COMITÉ ÉDITORIAL

CHEMINS PHILOSOPHIQUES

Collection dirigée par Magali BESSONE et Roger POUIVET

Marc de LAUNAY

QU'EST-CE QUE TRADUIRE ?

Paris
LIBRAIRIE PHILOSOPHIQUE J. VRIN
6, place de la Sorbonne, Vᵉ
2017

© *Librairie Philosophique J. VRIN*, 2006
Imprimé en France
ISSN 1762-7184
ISBN 978-2-7116-1688-6

www.vrin.fr

QU'EST-CE QUE TRADUIRE ?

*Tout lecteur se trouve pris, qu'il le veuille ou non,
dans une histoire de la traduction
à l'égard de laquelle il doit prendre position.*
Jean Bollack

INTRODUCTION

Dans une de ses nouvelles qui semblent faites tout exprès
pour à la fois inspirer et illustrer la réflexion théorique, Jorge
Luis Borges met en scène Averroës commentant la *Poétique*
d'Aristote, et travaillant, quatorze siècles après la mort du
Philosophe, sur une traduction latine du texte « où deux mots
douteux l'avaient arrêté au seuil [de l'ouvrage]. Ces mots
étaient *tragœdia* et *comœdia*. Il les avait déjà rencontrés,
des années auparavant, au livre troisième de la *Rhétorique*;
personne, dans l'Islam, n'entrevoyait ce qu'ils voulaient
dire »[1]. Averroës se comporte alors comme tout traducteur en

---

1. La nouvelle intitulée « La Quête d'Averroës », publiée tout d'abord dans
le numéro 152 (juin 1947) de la revue *Sur*, fut traduite en français par R. Caillois

mal d'informations lexicales, contextuelles ou référentielles, fatiguant traités et compilations, cherchant désespérément une autre occurrence des termes ou une glose, sacrifiant même à une attitude psychologique de type conjuratoire ou magique : « Averroës laissa la plume. Il se dit (sans trop y croire) que ce que nous cherchons est souvent à notre portée… ». Dans la suite de la nouvelle, l'*otium* d'Averroës est interrompu par deux fois : la première, par le jeu des enfants qui, sous ses fenêtres, miment un minaret, le muezzin appelant à l'une des prières quotidiennes, et les fidèles se prosternant ; mais le langage de ces gamins n'est, aux oreilles du sage, qu'un dialecte grossier (l'espagnol naissant), et le philosophe s'en détourne au profit de la copie rare et précieuse d'un manuscrit arabe ; la seconde, lors de la soirée où il est invité, par le récit d'un voyageur qui prétend être allé jusqu'en Chine et y avoir assisté à un spectacle étrange qu'il rapporte ainsi : « Un soir, les marchands musulmans de Sin Kalàn me conduisirent à une maison de bois peint où vivaient beaucoup de gens. On ne peut pas raconter comment était cette maison, qui était bien plutôt une seule pièce avec des rangées de réduits ou de balcons placés les uns au-dessus des autres. Dans ces enfoncements, il y avait des gens qui mangeaient et buvaient, de même que sur le sol et une terrasse. Les gens de la terrasse jouaient du tambour et du luth, sauf quinze ou vingt environ (avec des masques de couleur cramoisie) qui priaient, chantaient et conversaient. Ils étaient punis de prison, mais personne ne voyait les cellules ; ils étaient à cheval, mais personne ne voyait leurs montures ; ils combattaient, mais les épées étaient en roseau ; ils mouraient, mais ils se relevaient ensuite […]. Ils

dans le recueil *Labyrinthes*, Paris, Gallimard, 1953, et reprise dans le recueil *L'Aleph*, Paris, Gallimard, 1967, p. 117-129.

étaient en train […] de représenter une histoire». Le récit du
voyageur rencontre une incompréhension générale, confortée
par la réaffirmation rassurante des habitus culturels islami-
ques : «Un seul narrateur peut raconter n'importe quoi, qu'elle
qu'en soit la complexité. Tous approuvèrent ce verdict. On
loua les vertus de l'arabe qui est la langue dont Dieu se sert
pour commander aux anges…». De retour dans sa bibliothèque, Averroës obéit à une obscure motion intuitive qui lui
fait choisir de «traduire» ainsi les deux termes qui avaient été
l'objet de sa quête : «Aristû (Aristote) appelle tragédie les
panégyriques et comédie les satires et anathèmes. D'admi-
rables tragédies et comédies abondent dans les pages du Coran
et dans les moallakats[1] du sanctuaire».

Borges se proposait, comme il l'indique dans une sorte de
postface, de raconter l'histoire d'un échec ; mais son propos
dépassait la justification du contresens commis par Ibn Roshd
– qui, du reste, s'apparente plutôt à une sorte d'admirable faux
sens –, et voulait montrer qu'il n'était pas plus absurde d'imaginer, «sans autre document que quelques miettes de Renan,
de Lane et d'Asin Palacios», Averroës en train de traduire et
commenter que de tenter, comme le protagoniste est supposé
le faire dans la nouvelle, de trouver un équivalent à la notion de
drame tout en ignorant ce qu'est un théâtre. Borges en tire une
leçon qui satisfait son goût pour l'ironie pessimiste suggérée
par le mauvais infini – historiciste – des miroirs et des labyrinthes circulaires : «Je compris, à la dernière page, que mon
récit était un symbole de l'homme que je fus pendant que je
l'écrivais et que, pour rédiger ce conte, je devais devenir cet

---

1. Littéralement «les suspendus» : il s'agit des livres de sept des plus
grands poètes pré-islamiques qui avaient été suspendus, pour les honorer, à la
porte menant à la Caaba.

homme, et que, pour devenir cet homme, je devais écrire ce conte, et ainsi de suite à l'infini ». Pour traduire parfaitement, il faudrait devenir l'auteur de l'original qu'on ne peut commencer d'être qu'en traduisant, etc. Ce mauvais infini est, transposé dans le discours plus théorique, ce qui apparaît de prime abord comme le cercle vicieux de l'herméneutique : on ne peut traduire que ce que l'on comprend de l'original, or ce que l'on comprend de l'original résulte déjà d'une sorte de prétraduction ; déterminer ce qui doit être traduit, c'est-à-dire déterminer ce que Jean-René Ladmiral appelle la « *quoddité* traductive »[1], implique nécessairement une pré-compréhension du texte-source, et, plus encore, la reconstitution de sa cohérence. L'innocente ignorance qui grève le travail d'Ibn Roshd et limite sa tentative de commentaire traductif renvoie non pas au spectre de l'intraduisible dont la malédiction hanterait tout travail de cet ordre, mais aux contingences historiques qui encadrent chaque fois les traductions, de quelque nature qu'elles soient. On doit à l'intuition profonde de Borges, lui-même parfaitement à l'aise dans plusieurs langues, d'avoir d'emblée fait apparaître les problèmes principaux que pose l'acte de traduire : la question du sens de l'original, celle de sa cohérence, mais aussi la question de la réécriture de cet original dans une langue et une culture aveugles à la réception de certains des référents originaux, et, partant, la question de la temporalité historique où nécessairement s'inscrivent des traductions qui, *ipso facto*, s'effectuent avec un certain décalage. Dans l'exemple travaillé par Borges, ce sont pour l'essentiel, les carences de la communication entre le monde islamique et l'empire byzantin qui rendent impossible la

---

1. *Cf.* J.-R. Ladmiral, *Traduire : théorèmes pour la traduction*, Paris, Gallimard, 1994.

continuité d'une tradition et sa réception; car il ne suffit pas, comme la nouvelle l'indique fort bien, d'être en quelque sorte mis en présence, fût-ce sur un mode représentatif ou allusif, du référent pour l'identifier comme tel : les enfants miment spontanément des réalités culturelles immédiatement identifiables par Ibn Roshd, mais c'est précisément cette reconnaissance familière qui masque l'acte même de représenter ou de mimer et ce qu'il implique; de même, le récit du voyageur peut fort bien être considéré comme un témoignage fiable, mais les comportements qu'il décrit sont aussi impénétrables que des coutumes dont la symbolique nous reste opaque – le référent, lorsqu'il ne s'agit pas d'un *concretum*, [1] n'est jamais identifiable sur la base d'un transcodage lexical, et c'est seulement une « traduction » qui permet de le comprendre, une traduction qui prend en compte aussi l'explication de ce que l'original pourrait avoir d'inintelligible pour le lecteur-cible, c'est-à-dire une traduction qui ne refuse pas non plus les fonctions qui souvent lui incombent et lui font devoir de commenter l'original, d'en guider la réception au sein de l'autre langue-culture. Plus encore : la réussite d'une traduction semble dépendre de l'interprétation qu'on fait de l'original; Borges montrant en quelque sorte les conséquences de la négation de l'énoncé précédent puisque c'est l'impossibilité d'une interprétation qui entraîne une transposition erronée.

L'échec du philosophe arabe commentant Aristote nous conduit aussitôt à imaginer ce qu'eût pu être une solution satisfaisante : il était impossible d'introduire purement et

---

1. Et même dans ce cas, d'une sphère culturelle à l'autre bien des objets et des choses échappent à la reconnaissance immédiate (la bouteille de limonade qui tombe du ciel aux pieds du bushman dans le film « Les Dieux sont tombés sur la tête » n'est pas plus identifiable par lui que ne le serait, par nous, tel outil dont il se sert pour piéger un petit animal).

simplement des calques du grec (comme avait fait le latin), car
ces derniers eussent été tout aussi incompréhensibles; forger
des termes arabes, c'est-à-dire peu ou prou des néologismes,
n'eût pas davantage tiré d'affaire notre commentateur-traduc-
teur, car ces derniers seraient en quelque sorte restés des signifiants en quête de leurs signifiés. Bref, il eût fallu recourir à une
note explicative, c'est-à-dire à la description et à l'explication
de ce que fut le théâtre pour les Grecs, sa réalité historique et
ses fonctions, or cela eût évidemment présupposé qu'Ibn
Roshd eût pu disposer au moins de certains textes de ce théâtre,
et qu'il eût pu reconstituer à partir d'eux l'interprétation
d'Aristote. Si la traduction littérale des termes en question a
bien été impossible (et, partant, le commentaire de leur référent), c'est parce qu'il s'agissait précisément d'un problème
général de transposition culturelle qui ne pouvait être réduit à
une affaire lexicale. Faut-il y voir une objection contre la
traduction? Ibn Roshd s'est-il heurté à de l'intraduisible? En
fait, il a commenté et traduit en donnant à lire un texte, dont
certaines parties prêtaient à malentendu sans qu'il en mesure
exactement l'ampleur; d'autre part, si l'impossibilité de
trouver des équivalents lexicaux est souvent effective, cela ne
signifie nullement qu'on ait affaire à de l'intraduisible : Ibn
Roshd s'est heurté sans en être pleinement conscient aux
limites historiques des rapports entre deux ou plusieurs traditions. L'existence de ces limites et le fait qu'elles soient, dans
le cas choisi par Borges, à peu près infranchissables témoigne
de la réalité de l'histoire qui n'est surplombée par aucune
« histoire de l'esprit ». Ce n'est pas un même sens qui, par
étapes, dont le rythme lui appartiendrait entièrement et nous
resterait finalement mystérieux, se révèlerait universellement
– il n'y a décidément pas eu de théâtre dans l'islam pas plus
qu'il n'y en a eu dans le judaïsme, ce qui ne veut pas dire, bien

entendu, qu'il ne saurait jamais y avoir des auteurs de théâtre écrivant en arabe, en yiddish ou en hébreu.

Ainsi, le premier problème auquel se confronte une traduction est bien celui de la reconstitution d'un original, c'est-à-dire d'une cohérence de sens reposant sur une dynamique textuelle et inscrite dans une tradition. Or cela ne fournit pas encore une définition préalable de ce qu'est la traduction. Il n'est d'ailleurs peut-être pas indispensable de parvenir à une formule commode, certes, mais lège d'indications plus substantielles. Jean-René Ladmiral en avait rapidement donné une, au début de son ouvrage : « La traduction est un cas particulier de convergence linguistique », pour aussitôt être entraîné à donner une extension très élargie – « elle désigne toute forme de « médiation interlinguistique » permettant de transmettre de l'information entre locuteurs de langues différentes » –, et souligner une polysémie inhérente au terme même de traduction qui « désigne à la fois la pratique traduisante, l'activité du traducteur (sens dynamique) et le résultat de cette activité, le texte-cible lui-même (sens statique). Le mot prend aussi parfois le sens métaphorique excessivement élargi d'expression, représentation, interprétation »[1]. Et il est souvent tentant de recourir à des métaphores, parfois réussies[2], qui ne parviennent cependant pas à évacuer le vague grevant les tentatives d'identifier la traduction ou du moins d'en fixer quelques limites.

---

1. *Traduire : théorèmes pour la traduction*, *op. cit.*, chap. I.
2. Qu'on se souvienne de la belle formule de M. Blanchot dans *L'Amitié*, Paris, Gallimard, 1971 : « La traduction est mise en œuvre de la différence », ou de l'équivalence massive posée par P. Ricœur : « Comprendre, c'est traduire » (*Sur la traduction*, Paris, Bayard, 2004).

Typologie historique

Dans la mesure où la faculté de langage est devenue un invariant anthropologique et que la diversité des langues est un fait en-deçà duquel il est matériellement impossible de remonter, on peut avoir l'impression que la traduction a toujours existé. Certes, pour des raisons multiples, souvent d'ordre pratique (économiques, politiques), on a depuis fort longtemps communiqué de telle langue à l'autre ; il y a donc eu, ici et là mais sûrement pas partout, des interprètes capables de franchir pour une part restreinte et dans le cadre de finalités précises, cette différence des langues. Or ce fait, historiquement probable et vraisemblable, n'en est pas pour autant une manière de décrire la traduction. En effet, dans notre histoire occidentale du moins, cette dernière est beaucoup plus récente que l'existence de l'« interprétariat », et elle ne se réduit jamais à ce qu'on pourrait appeler un transcodage d'informations.

La traduction proprement dite n'existe qu'à partir du moment où l'on cherche à transmettre dans une autre culture des textes initialement conçus pour faire eux-mêmes l'objet d'une transmission intraculturelle, des textes écrits pour être lus, discutés et commentés, voire dits, chantés, psalmodiés, médités ou joués, des textes qui, même s'ils ont longtemps pu circuler surtout dans la mémoire de ceux qui les recevaient et les transmettaient oralement, ont fini par être déposés et fixés sous une forme écrite. Le moment historique de ce passage et de cette transformation de l'oral à l'écrit est précisément ce à quoi nous n'aurons jamais accès sinon sur un mode strictement conjectural. La traduction n'a ainsi affaire qu'à des textes transcrits ; et le résultat de la pratique qu'elle est aussi débouche encore sur un texte, et non sur une quelconque version orale.

Qu'il ait un ou plusieurs auteurs, identifiés ou anonymes, que sa rédaction ait été rapide ou qu'elle se soit prolongée fort longtemps, un texte est un produit langagier très différent d'une communication orale aussi subtile soit-elle, car il met en œuvre avec une amplitude et une potentialité bien plus grandes les ressources d'une langue, et, surtout, il s'inscrit, au sein de cet espace linguistique, parmi d'autres textes, c'est-à-dire dans une intertextualité qu'il pourra mobiliser à divers degrés; ce faisant, il est constitué par une double dimension, celle du code linguistique et celle du type de culture qui en sont comme les cadres généraux, sans qu'on puisse véritablement dissocier ces deux aspects; il s'inscrit en outre dans cette double dimension à tel moment d'une histoire et son existence même y joue le rôle d'événement.

La traduction est donc d'emblée une opération elle aussi historique, et pas simplement parce qu'elle s'effectue à partir d'un original déjà présent. Comme tout événement, chaque traduction est singulière, mais l'expérience qu'elle crée est appelée à se répéter. Notre espace culturel depuis deux millénaires est d'ailleurs en partie déterminé par la série des retraductions qui n'ont pas lieu arbitrairement ni ne s'effectuent *ad libitum*. Il est indéniable qu'une tendance historique se dessine lorsqu'on observe cet espace au prisme de la traduction : du « monolinguisme » grec, on passe à une première extension due aux traductions en latin des penseurs et des auteurs grecs au premier siècle avant notre ère, puis, durant quelques siècles à des séries de traductions et de retraductions, en gros, tripolaires, grec-arabe-latin, où parfois l'hébreu joue un rôle de transition, enfin, à partir du XIIIe siècle, à une dynamisation considérable des traductions puisqu'elles s'effectuent désormais dans des langues nationales – nous sommes encore contemporains de cette phase, même si l'anglais peut sembler

être, outre une langue, un facteur d'universalisation comparable à ce que fut le latin dans les premiers temps de l'Église
médiévale. Dans certains cas même, la traduction dans une
langue nationale a lieu au moment où cette langue connaît
un substantiel changement d'état – comme ce fut le cas en
Allemagne au tournant du XVe et du XVIe siècles – la traduction
peut alors jouer un rôle tout à fait singulier : elle accélère cette
métamorphose et, ainsi, donne l'impression que son résultat,
la Bible de Luther en l'occurrence, aurait un statut comparable
à celui de la Révélation originale (la réussite littéraire du
Coran est allée plus loin, forte de la surprise innovatrice qu'elle
suscitait, et cet enthousiasme lui a donné la dignité sans égal
d'une langue angélique, vouant toute traduction du texte ainsi
révélé à une sorte de blasphème).

La traduction est toujours une *pratique*, solitaire ou
collective, mais il serait injuste d'oublier que chacune des
grandes étapes de la transmission occidentale des textes s'est
accompagnée d'une réflexion, même simplement esquissée,
sur cette pratique : Cicéron, Horace, saint Jérôme, Maïmonide,
Luther, Amyot, Schleiermacher, Humboldt, Novalis[1],
Benjamin, Buber, Heidegger, et, plus près de nous en France,
Mounin, Meschonnic, Ladmiral, Berman – autant d'exemples
qui en témoignent. Il est donc tout aussi vain d'oublier la
pratique que la traduction sera toujours pour la réduire à ce que
la réflexion pourrait en dire, voire la théorie ; les théoriciens
qui ne traduisent pas – ce fut souvent le cas des linguistes réflé-
chissant sur la traduction – ont parfois tendance à expliquer
savamment à quel point cette pratique est impossible (et ce fut

---

1. Cf. *Pollens*, dans *Œuvres complètes* I, trad. fr. A. Guerne, Paris,
Gallimard, 1975.

toute la finalité du travail de Georges Mounin[1] que de montrer
l'impasse théorique où se fourvoyait la linguistique lorsqu'elle
refusait le statut d'auxiliaire de la pratique). Il n'est pas moins
risqué de faire fi de toute réflexion théorique au nom d'une
virtuosité locale et singulière qui, comme tout dilettantisme,
rencontre trop vite des limites qu'elle s'est elle-même rendue
incapable d'identifier. Mais force est de reconnaître que cette
manière d'envisager la pratique n'a pas complètement disparu
en dépit d'indéniables progrès accomplis, depuis deux siècles
au moins, par l'encadrement réflexif de la pratique traduisante. Il serait par conséquent tout aussi erroné de vouloir
réduire la traduction à une pratique, gagée sur des dons ou des
goûts toujours personnels, que de vouloir, en hypostasiant
le rôle qu'elle peut jouer dans la culture, l'identifier à
l'interprétation, voire au « comprendre » en général.

Cette articulation inévitable de la pratique sur une
réflexion est elle-même historique et elle peut être décrite en
fonction de ce qui dans chacune des phases identifiables est
considéré consciemment – sans donc préjuger des méthodes
adoptées ou prescrites – comme l'enjeu principal de la
transmission, comme ce qui commande la tradition.

On peut, à cet égard, distinguer trois phases successives,
et dont chacune contient les deux autres mais à des degrés
moindres, et l'on peut faire l'hypothèse d'une quatrième qui
serait contemporaine. La première étape de cette typologie
historique de la traduction, celle qui correspond à la traduction
en latin des penseurs grecs, peut être dite « philosophique »
dans la mesure où l'enjeu de la transmission est le savoir sur le
cosmos médiatisé par le *logos*, lui-même indifférent à la diversité des langues. Qu'il y ait des dieux n'implique nullement

1. *Les Problèmes théoriques de la traduction*, Paris, Gallimard, 1963.

que ces derniers aient recours à ce qui s'appellera Révélation pour signifier aux mortels ce qu'ils doivent comprendre du cosmos ou la manière dont ils sont censés faire usage du *logos*. Ce n'est pas simplement par hellénophilie que Cicéron entreprend de traduire le *Timée*, mais bien parce que la manière dont il se représente l'avenir de sa culture latine lui enjoint de redonner à ce futur tel qu'il l'anticipe une légitimité qui ne peut être découverte dans la tradition romaine. C'est d'ailleurs dans cette perspective qu'il dit traduire « *nec interpres sed ut orator* »[1] à quoi font directement écho les vers 133-134 de l'*Art poétique* d'Horace : « *nec verbo verbum curabis reddere fidus interpres* », où *interpres* doit clairement être compris comme désignant non pas un traducteur, mais un « interprète » au sens où Schleiermacher opposera, lui aussi, *Übersetzer* à *Dolmetscher*[2]. Si l'objectif précis de Cicéron est de donner une base plus solide à l'art rhétorique, sa réflexion sur la traduction présuppose, plus largement, qu'il s'agit d'écrire un autre texte exprimant les « mêmes idées » dont le « sens », véritable enjeu de l'opération, peut parfaitement être rendu en latin sans subir de modification dommageable. La distinction stoïcienne

---

1. *De optimo genere oratorum*, V, 14 : traduire les orateurs attiques « non comme un interprète, mais comme un orateur » (trad. fr. P. de Ryer, Paris, 1654).

2. La controverse sur le sens des deux vers d'Horace s'est poursuivie jusqu'au XVIIe siècle… Il n'en demeure pas moins qu'il est difficile de comprendre ce que fait l'*interpres* autrement que comme ce que nous appellerions une « traduction littérale » (les vers disent : « Prends soin de ne pas donner un mot à mot comme un fidèle interprète »). De même, Schleiermacher, on le verra dans le texte commenté, contribue à fixer le sens de *Dolmetscher*, encore équivalent de « traducteur » pour Luther (cf. *Sendbrief vom Dolmetschen*, 1530, trad. fr. : « Épître sur l'art de traduire et l'intercession des saints », dans *Œuvres* VI, Genève, Labor et Fides, 1964), en restreignant sa signification aux activités de transcodage ou d'interprétariat.

entre citoyen du cosmos et citoyen de telle cité insiste moins, en effet, sur la contingence qui nous fait naître dans tel endroit, à tel moment, que sur l'appartenance essentielle de tout homme à la *megalopolis* du cosmos régi par le *logos*, celle que Sénèque appelle *vere publica*[1]. La traduction est commandée par cette représentation du sens et de sa stabilité harmonieuse face aux avatars inévitables de cette part du monde qui ne dépend aucunement de nous et qui englobe, à titre de donnée contingente, la différence des langues. Tout homme étant citoyen des deux cités (la terrestre et la « cosmique »), il est susceptible d'avoir accès au sens, et la possibilité d'un tel accès n'implique aucune immersion dans l'histoire, tout au plus la mobilisation d'une temporalité toute personnelle, celle de l'apprentissage de la sagesse ; la traduction reste ainsi dans le cadre stable d'une transmission d'un même savoir dont la source ne dépend pas du langage sinon très accessoirement.

Cette situation évolue d'emblée dès que le christianisme se pose le problème, pour la première fois historique, d'une communication de la parole du Christ destinée, *in fine*, à mettre un terme à l'opposition entre chrétiens et païens ; si les apôtres ont reçu du Saint Esprit le don des langues, c'est bien pour accomplir une mission dont la condition de possibilité est en quelque sorte une inversion de ce qu'on a supposé être la signification de Babel, à savoir la Pentecôte. Mais, surtout, c'est l'enjeu de la transmission qui change dès lors qu'il s'agit de traduire la parole divine exprimée par Jésus, et le contenu de la première Révélation comprise comme l'annonce du Fils de l'homme, du nouvel Adam. C'est Dieu qui a parlé, et qui a continué d'enseigner sa volonté à travers un *logos* qui s'est fait

---

1. Cf. *ad Serenum, de otio*, XXXI (« Du repos ou de la retraite du sage »).

chair[1]. Traduire est désormais un acte de foi et une pratique missionnaire dont l'horizon historique est déterminé par l'échéance de la Rédemption au jour du Jugement. On passe à une étape «théologique» de la traduction qui gravite alors autour d'un centre scripturaire considéré comme source première du sens; d'un Testament à l'autre, s'installe un mode typologique de lecture, et, connexe de la traduction, s'installe l'interprétation scrutant l'Ancienne alliance pour y détecter toutes les possibles anticipations de la Nouvelle qu'elle est censée receler. Ainsi, interprétation et traduction qui étaient secondairement jointes lorsqu'il s'agissait de traduire la pensée grecque déchiffrant les lois du cosmos afin de les offrir à la contemplation, sont-elles maintenant liées pour transformer le monde par le biais de la conversion personnelle aux lumières de la vraie foi, gage du salut final. Plus l'Église s'institutionnalise et plus le contrôle du sens scripturaire devient affaire décisive; le monopole de l'interprétation va dépendre de traductions jugées tout aussi canoniques que le choix des textes définissant proprement le champ scripturaire.

Cela ne signifie pas, cependant, que cette nouvelle étape de la traduction aurait en quelque sorte impliqué la péremption de la précédente; elle va au contraire la développer considérablement, tout au long du Moyen Âge, à travers les multiples traductions et retraductions des corpus philosophiques grecs transitant par l'arabe et, parfois, l'hébreu pour finir par créer le latin scolastique. Elle est même encore présente dans la traduction des Septante (IIIe-IIe siècles avant notre ère), pourtant destinée d'abord à la communauté juive d'Alexandrie, dans la mesure où, significativement, dès le début du chapitre I de la Genèse, les Septante, influencés en cela par leur imprégnation

---

1. *Cf.* le Prologue de l'Évangile de Jean : «*logos sarx égénéto*».

au sein d'un monde hellénique, corrigent le texte hébreu quand ce dernier semble omettre, au verset 8, l'appréciation divine – «c'est bon» ou «c'est bien» – sur ce qui a été créé au deuxième jour, à savoir le ciel. Pour un esprit grec, il est impossible, en effet, d'admettre que la représentation de l'harmonie du cosmos puisse ne pas être jugée «bonne»; or c'est pourtant bien ce que cherche à suggérer le texte hébreu (en répétant au sixième jour, après la création de l'homme, l'abstention du jugement divin). Il ne s'agit pas ici des effets d'une manière de traduire, mais plutôt d'un croisement des paradigmes du sens.

Cette deuxième étape de l'histoire de la traduction gravite autour du problème de la *receptio* qui engendre une dynamique dont le moteur est ce qui va s'appeler la fidélité à l'original, un enjeu qui n'est évidemment pas réductible à un problème linguistique, mais engage la justesse de la foi en même temps que sa condition: l'intelligence correcte de la Révélation. Thomas d'Aquin milite pour ce que Schleiermacher appellera le point de vue du lecteur: «*quidquid recipitur ad modum recipientis recipitur*»[1]. Cette proposition justifie la traduction en lui reconnaissant le statut d'une nécessité historique, et l'on en trouve l'écho chez Grégoire le Grand qui en tire la conséquence, c'est-à-dire la justification du commentaire: «*scriptura sacra aliquo modo cum legentibus crescit*»[2]. Cette tendance entraîne une réaction inverse, celle d'un retour à l'original débarrassé des filtres interprétatifs accumulés, censés en masquer ou en déformer la vérité; chez Okham[3], comme,

1. «Quel que soit ce qui est reçu, il l'est selon les modalités propres au récepteur», *Liber de causis*, prop. 10; *Somme*, I, 75, 5c.

2. «Les Écritures s'accroissent en quelque manière par les lectures qu'on en fait», *Moralia in Job*, XX, I, 1.

3. Cf. *Sententiae* I, *Ordinatio*, d. 35, q. 1.

d'ailleurs, et plus nettement, chez Luther : « *Et ita mentiuntur et definiunt verbum non secundum dicentem Deum, sed secundum recipientem hominem* »[1]. Cette dynamique d'alternance entre ceux qui militent pour le point de vue du lecteur et les partisans du retour à la lettre du texte, les partisans de l'« auteur », ne fait que renforcer la nécessité de la traduction et de la retraduction. Que l'on soit dans un camp ou dans l'autre, prouver qu'on a raison passe par l'écriture ou la récriture d'une traduction nouvelle ; dans un camp comme dans l'autre, on reconstruit un original en insistant, ici, sur le fait que, divine, la Révélation ne saurait être immédiatement reçue par un entendement humain fini, et, là, sur le fait que, finie, la raison humaine est bien l'interlocutrice que Dieu s'est choisie en la créant telle qu'elle puisse comprendre ses desseins.

Cette dynamique de l'alternance finit par coïncider avec un changement de paradigme dès que s'annonce la Réforme. C'est le militant d'un retour à l'original qui se trouve être en même temps celui qui fait accomplir aux Écritures le plus grand pas vers le point de vue du récepteur : en traduisant la Bible dans une langue nationale, Luther rompt avec l'autorité d'un monopole, fait de la raison de tout lecteur l'arbitre du sens, mais au sein d'un seul champ linguistique, et dessine négativement un nouvel espace entre les deux fois adverses, un espace théologiquement neutre, mais qui va très vite vouloir jouer le rôle d'arbitre entre les deux Églises : le monde des clercs. C'est le statut d'une raison en quête de son indépendance par rapport aux guerres de religion qui devient l'enjeu décisif, tout comme la souveraineté politique revendiquant que l'usage de sa *potestas* soit désormais affranchi de toute

---

1. « Ainsi mentent-ils en déterminant la Parole non pas selon ce qu'a dit Dieu, mais selon la personne qui la reçoit », *Propos de table*, n° 3868.

révérence à l'*auctoritas* romaine. Mais, surtout, c'est, avant Luther et avec Dante, que s'amorce un nouveau changement de paradigme. Le poète florentin choisissant sa langue civile contre le latin pour mieux louer, dans la *Divine Comédie*, l'alliance idéale entre l'empereur et le pape, accentue le mouvement de différenciation historique en accompagnant ainsi l'émergence de l'individuel. Chaque langue, chaque espace culturel défini par une langue deviennent dépositaires de la tradition, même de ce qu'elle a de plus éminent : les philosophes de l'Antiquité, les Écritures. Dieu parle allemand ; la reconstruction grandiose de la catholicité idéale se fait en dialecte florentin ; les Psaumes chantent en français à l'unisson des hommes illustres de Plutarque. Le nouveau paradigme est celui d'une « politique culturelle » inscrite dans la concurrence à la réappropriation de tel ou tel segment de la tradition, prise aussi par les stratégies renaissantes qui font jouer telle tradition contre telle autre, les précipitant alors l'une et l'autre dans une perspective historienne, celle qui va peu à peu dominer notre « modernité ».

Chaque langue se retrouve, face aux autres, prise dans une histoire où elle se voit en quelque sorte sommée de se justifier à travers la manière dont elle reconstruit ses héritages, élabore ce qu'elle considère comme son identité et envisage un avenir où elle a un rôle à jouer qui se définit par rapport à l'ancien critère ecclésial d'universalité. C'est ainsi que l'intensification de la concurrence entre l'universalité à la française, après la Révolution, et l'universalité à l'allemande élaborée par l'Idéalisme produit l'efflorescence remarquable des réflexions modernes sur la traduction. Le romantisme allemand offre l'exemple même d'une double quête identitaire : justifier la germanité à partir d'un fond de traditions orales exhumées parce qu'elles semblent se porter caution pour l'authenticité spécifique de la langue allemande, et bâtir, sur ce fond, le rayonnement universel de cette langue par le biais de la « critique » dégageant les formes idéales présentes au sein de cette identité propre. La traduction doit alors faire apparaître le lien privilégié qui rattache l'allemand au grec, et, réitérant la démarche luthérienne, conforter l'idée d'une mission allemande, même si cette mission se limite à émanciper de manière équivalente chaque peuple. Goethe le dira dans des termes mesurés : « Il faut considérer chaque traducteur comme un médiateur s'efforçant de promouvoir un échange intellectuel universel et se donnant pour tâche de faire progresser ce commerce généralisé. Quoi que l'on puisse dire de l'insuffisance de la traduction, cette activité n'en reste pas moins l'une des tâches les plus essentielles et les plus dignes d'estime du marché d'échange mondial. Le Coran dit que Dieu a donné à chaque peuple un prophète dans sa propre langue. Ainsi chaque traducteur est-il un prophète pour son peuple »[1]. Il est tout à fait remarquable de voir ainsi enrôlé un aspect du paradigme théologique, le prophétisme, pour promouvoir une universalité des échanges entre identités nationales affirmées égales en dignité, de même que l'exclusivisme linguistique du Coran se retrouve neutralisé dans sa prétention religieuse tandis qu'il est requis dans une perspective de politique culturelle, laquelle met implicitement sur un même plan Mahomet et Luther. Le traducteur se voit en outre doté d'un statut d'exception : lui seul est prophète en son pays, parce qu'il fera entendre la voix étrangère pour y susciter une émulation culturelle souhaitée. Car, si ce n'est plus la parole divine qu'il aura à transmettre ni seulement la pensée du cosmos, mais toutes

---

1. Lettre à Carlyle, à propos de la traduction en anglais du *Torquato Tasso* (1828).

sortes d'œuvres individuées, c'est parce qu'on reconnaît à la traduction la capacité d'échapper à la singularité qu'elle devient le symbole des efforts que toute culture est censée faire pour échapper à ses propres limites, c'est-à-dire le symbole de la raison même, travaillant dans une langue, dans une culture et, tout à la fois, contre leur finitude et leurs limites. Autrement dit, la survie même d'une langue et d'une culture est désormais fonction de sa capacité à traduire, donc à participer à l'échange mondial. La traduction est le moteur d'une sorte de dynamique « politique de la culture ».

La quatrième phase que nous allons certainement connaître ne peut plus s'appuyer uniquement sur une philosophie du *logos* grec, une Révélation juive puis chrétienne et islamique, une politique culturelle envisageant chaque nation comme une contribution historique à la culture universelle sur le fond d'une identité bien définie et assurée de son homogénéité. La critique romantique n'est plus l'instrument dont chaque culture peut s'emparer pour dégager des figures idéales dont la nature serait déjà établie *a priori* par l'histoire. L'hégémonie linguistique temporaire de telle langue ne signifie pas non plus qu'elle serait l'expression d'une mission historique spécifique. Ce qui s'ouvre à nous désormais, c'est une étape « esthétique » (ou « philologico-critique ») qui ne considère plus tel corpus textuel comme investi d'une valeur supérieure, d'ordre philosophique ou théologique. Le *logos* n'exprime plus le sens d'un cosmos, pas plus que des Écritures saintes, la parole de Dieu directement dictée à un individu éminent. Ce sont d'abord des textes, et uniquement des textes auxquels nous avons affaire, rédigés par des auteurs qui, pour reprendre les termes de Descartes, ne sont, à nos yeux, pas « plus qu'hommes ». Nous ne sommes plus dans l'espoir d'une « caractéristique universelle », ni dans l'illusion d'un esperanto, ni dans l'attente messianique d'un langage pur; nous ne considérons plus, avec Mallarmé, les langues « imparfaites en cela que plusieurs », et « la suprême » ne nous « manque » pas[1]. Il faut entendre ici le qualificatif « esthétique » au sens de la troisième critique de Kant, c'est-à-dire comprendre que cette quatrième étape a renoncé à tout fondement transcendant du sens, et que les œuvres qu'on traduit, ainsi que les traductions qui en résultent, se situent en quelque sorte à égale distance d'une création comprise comme arbitraire, issue de telle configuration sensible particulière, et d'une création « inspirée » par un sens dont l'origine nous échapperait et que nos textes se borneraient à exprimer dans une atmosphère de pénombre croissant au fur et à mesure qu'on s'éloignerait de l'origine plénière. Les œuvres s'élèvent jusqu'au « symbolique » mais ne franchissent jamais cette frontière, le plus haut point auquel la finitude puisse s'élever; et même si nombre de créations semblent tendre au sublime ou en être inspirées, les plus hautes n'échappent pas à la loi commune de ce que Hermann Cohen, dans son Esthétique[2], désigne sous le nom d'humour: elles restent inachevées par rapport à leur projet et elles comportent peu ou prou des marques certaines d'inaboutissement, d'imparfaite maîtrise de leur matériau, voire de contradiction dans son traitement, de dépendance à l'égard de la tradition qu'elles cherchaient à dépasser, etc., sans parler, plus simplement, de ce qu'on a appelé mélange des genres; mais cette finitude est également la caractéristique de la tradition même où ces œuvres sont intervenues, et d'abord pour s'en distinguer

1. *Cf.* « Crise de vers », dans *Œuvres complètes*, « Bibliothèque de la Pléiade », Paris, Gallimard, 1945, p. 363.
2. *Ästhetik des reinen Gefühls* (1912), dans *Werke*, vol. 8, Hildesheim, Olms, 1982, chap. V.

et y créer un écart, lequel était inscrit, à titre de virtualité permanente dans la langue, sans qu'il ait la moindre valeur tant que l'art d'écrire n'a pas donné forme au matériau langagier en actualisant de telle manière, toujours singulière, cette virtualité, ce qui, du même coup, en modifie la structure. La tension entre sublime et humour, à l'œuvre dans la beauté, se retrouve, sous une autre forme qui d'ailleurs reste également tributaire du « style », dans les textes théoriques également, puisque tous restent soumis à leur propre histoire et à ses contingences, à la fois conditions de leur possibilité et gages de leur durée.

Cette typologie a, pour l'essentiel, valeur didactique : elle s'efforce surtout de faire apparaître les ruptures historiques qui interdisent qu'on tente de reconstruire une histoire homogène de la tradition comprise comme transmission linéaire et continue, voire frappée de dégénérescence croissante, d'un même sens originaire.

QU'EST-CE QU'UN ORIGINAL ?

Un texte est un produit d'un ou plusieurs auteurs, qui s'inscrit, au sein d'un espace linguistique et d'une tradition culturelle, parmi d'autres textes, c'est-à-dire dans une intertextualité qu'il pourra mobiliser à divers degrés ; ce faisant, il est constitué par une double dimension, celle du code linguistique et celle du type de culture qui en sont comme les cadres généraux, sans qu'on puisse véritablement dissocier ces deux aspects ; il s'inscrit en outre dans cette double dimension à tel moment d'une histoire et son existence même y joue le rôle d'événement. Mais, à cette double dimension, force est, néanmoins, d'en ajouter une troisième, celle de l'intervention du ou des auteurs au sein de cet espace culturel et au cœur même du code qu'ils mobilisent. Paul Ricœur s'est attaché à définir ce qu'est le texte en partant du passage de l'oral à l'écrit : « Ce qui est fixé par l'écriture, c'est donc un discours qu'on aurait pu dire, certes, mais précisément qu'on écrit parce qu'on ne le dit pas [...]. On peut alors se demander si le texte n'est pas véritablement texte lorsqu'il ne se borne pas à transcrire une parole antérieure, mais lorsqu'il inscrit directement dans la lettre ce que veut dire le discours »[1]. On notera que cette manière d'envisager le passage du « discours » au texte n'est pas simplement descriptive, mais introduit subrepticement une sorte de dualité entre un « vouloir-dire » et l'écriture qui, en quelque sorte, enregistre une intention en l'inscrivant ; Ricœur est ainsi plus sensible au fait que le livre occulte à la fois l'écrivain, « absent à la lecture », et le lecteur, « absent à l'écriture », qu'à cet autre fait que la rédaction du texte pourrait fort bien ne pas être simple enregistrement d'une intention. Aussi, voit-il « l'acte de naissance du texte » dans l'« affranchissement de l'écriture qui la met à la place de la parole »[2]. Entre le « vouloir-dire » et son inscription textuelle, le rapport n'est ni de transparence ni de transposition : l'écriture est un acte bien plus complexe que la transcription d'une intention qui eût pu, à la rigueur, se borner à être orale en disant la même chose. L'acte d'écrire jouit en fait d'une certaine autonomie par rapport même aux intentions de l'auteur : non pas que l'écriture écrirait, pour paraphraser une formule heideggérienne, en quelque sorte indépendamment de l'auteur, ni que « ça écrirait » pour reprendre la même formule dans une acception lacanienne ; mais ce qui se produit au cours de la

1. *Du texte à l'action, Essais d'herméneutique* II, Paris, Le Seuil, 1986, p. 138.
2. *Ibid.*, p. 139.

rédaction d'un texte est bien plus complexe que ne le suggère la relation intention-inscription. En même temps que l'auteur cherche à transcrire un faisceau d'intentions, il découvre telle ressource de sa propre langue, il cherche à prendre ses distances par rapport à tel topos lexical, à ironiser sur tel type d'argumentation, à rompre tel type d'attente ; bref, l'action d'écrire suscite, au fur et à mesure, la mise en place, dans le texte, d'une dimension qui fait de plein droit partie du « sens » et qui ne ressortit qu'indirectement aux intentions de l'auteur, même s'il est nécessaire de le créditer d'une maîtrise de son art (cette maîtrise a ses limites, cela va de soi, mais il ne faut pas d'abord en tirer prétexte pour imaginer la prédominance, dans la rédaction, d'un inconscient ou d'une logique textuelle préexistante : aucun auteur ne contrôle jamais la polysémie de son texte ni, non plus, la totalité du système de sa langue, et pas davantage l'ensemble de la tradition discursive où il prend place). Aussi loin qu'on veuille accentuer la « finitude » qui, nécessairement, appose ses marques sur la pratique de l'écriture, le texte opposera néanmoins la force de ses réussites originales et, donc, une sorte d'inertie textuelle dont le décryptage ne relève ni de l'analyse structurale ni d'une reconstitution toujours discutable de la psychologie de l'auteur : la première est toujours aveugle au processus par lequel un texte innove par rapport à telle situation discursive préalable, c'est-à-dire à son caractère historique ; la seconde risque de passer à côté du jeu discursif formel que le texte déploie sans qu'on ait besoin, pour le comprendre, de recourir à de quelconques éléments biographiques, de même qu'elle peut privilégier l'événementiel au détriment de la cohérence d'ensemble. La distinction saussurienne entre « langue » et « parole », pour efficace qu'elle soit, reste en l'occurrence trop générale : bien entendu, un texte est toujours un acte de parole innovant par rapport à une langue tout en en exploitant les ressources; et, partant de ce que la compréhension de la langue permet de reconstituer dans le «système» du texte, il s'agit de retrouver la singularité d'une parole : mais ce n'est là qu'une dimension de l'interprétation et de la compréhension, car même cette reconstitution impliquera très vite qu'on tienne compte de l'histoire où prend place le texte, et, donc, qu'on mette également en jeu celle de notre propre lecture. Il est sans doute trop ambitieux de vouloir «comprendre l'auteur mieux qu'il ne s'est compris lui-même»[1], car il est difficile d'élaborer un critère fiable qui validerait le comparatif; il est en revanche certain que la situation initiale commune à l'interprétation et, donc, à la traduction est bien celle dont part l'herméneutique de Schleiermacher : «L'herméneutique repose sur le fait de la non-compréhension du discours»[2]. Cette non-compréhension est à prendre très au sérieux, car toute illusion d'intelligence immédiate doit être bannie, de même que doit être mise entre parenthèses, suspendue, toute «pré-compréhension» qui nous ferait basculer d'emblée dans un cercle herméneutique où l'on serait vite tenté de voir un argument en faveur de l'impossibilité de traduire. On traduit parce qu'on ne comprend pas un texte, et on se livre à ce travail afin de le comprendre, en sachant que la traduction résultant de l'interprétation, aussi puissante soit-elle, ne sera jamais définitive (et n'aura jamais

---

1. Dilthey reprendra, lui aussi, cette idée que Schleiermacher exprime à la fin de son «Herméneutique générale» de 1809-1810 : § 44 : «Saisie à son apogée, la compréhension parfaite consiste à mieux comprendre celui qui discourt qu'il ne s'est lui-même compris» (Schleiermacher, *Herméneutique*, trad. fr. Ch. Berner (éd.), Paris, Le Cerf, 1987, p. 108). Comme on le sait, l'idée a déjà été exprimée par Kant, à propos de Platon, dans la *Critique de la Raison pure*, B 370/A 314.

2. *Ibid.*, p. 73.

pu exprimer le texte original « mieux que l'eût fait son auteur »). Il faudrait ainsi, au vouloir-dire, ajouter un vouloir-exprimer qui conforterait ce que Ricœur a appelé l'autonomie du texte, mais dans une autre perspective ; car cette autonomie est moins ce qui affranchit le texte de l'auteur et du récepteur que ce qui le singularise par rapport à la constellation textuelle où il prend place. Cette singularité ne coupe pas le texte de son auteur ni de son récepteur puisqu'elle présuppose à l'œuvre à la fois un art de la composition comme un art de l'interprétation (de la lecture capable, sinon d'égaler, au moins de comprendre l'art de l'écriture appliqué par l'auteur). Ce « vouloir-exprimer » ne se manifeste qu'au cours de la rédaction ; il n'est donc pas réductible à une configuration antérieure au texte comme le vouloir-dire qui se dessine sur un fond « littéraire » et culturel déjà présent ; il n'est pas non plus réductible à une pratique rhétorique faisant usage de règles ou de recettes stylistiques. Il est tout simplement ce qui manifeste le mieux la singularité historique du texte.

Un exemple qu'on a déjà évoqué, permettra d'illustrer les limites du « vouloir-dire » et la nécessité, pour la traduction, de convoquer un « vouloir-exprimer » si elle entend reconstituer un original comme un texte singulier. En *Genèse* I, 7-8, le ciel est créé au deuxième jour, mais, contrairement au premier jour, aux troisième, quatrième et cinquième jours, la formule « *ki tov* » (« c'est bien ») n'apparaît pas dans l'hébreu ; en revanche, les traducteurs de la Septante l'ont rajoutée en *Genèse* I, 8. Sans doute ont-ils cherché à « rétablir » l'intention présidant à la rédaction du texte, en fonction de ce qu'ils ont reconstitué comme le « vouloir-dire » qui s'y était transcrit. En effet, il a pu sembler que l'omission de la formule faisait figure d'exception puisqu'elle semblait sanctionner, telle une bénédiction, chacun des jours de la création. En outre, plongés au sein d'une atmosphère grecque où l'identification du ciel au cosmos allait de soi, les traducteurs de la Septante pouvaient fort bien considérer tout naturellement que le « ciel » ne pouvait pas ne pas être dit « bon ». Cependant, l'original hébreu n'autorise pas, dans sa lettre, pareille rectification. Et s'il faut donc tenir compte de ce qui passerait pour une anomalie ou une négligence au regard d'un vouloir-dire reconstruit dans une optique grecque, force est alors de prendre en compte la forme de l'expression, de reconnaître une démarche expressive qui ne relève plus simplement de la dimension sémantique sans pourtant mobiliser des ressources strictement sémiotiques. En outre, le littéralisme en tant que tel reste aveugle s'il ne peut s'appuyer sur une interprétation qui débouche sur une cohérence supérieure à celle à laquelle on parvient en en restant soit au niveau du vouloir-dire, soit à celui de la cohésion structurale. Il ne suffit pas, en effet, de constater que le ciel et l'être humain sont les deux créations qui ne sont pas dites expressément bonnes (même si l'ensemble de la création est jugée telle au terme du sixième jour, le texte dit alors que tout cela « est très bon ») pour disposer aussitôt d'une interprétation correcte. Il faut faire ici intervenir une intention expressive particulière qui, précisément, donne au texte sa singularité dans la perspective de sa lecture, elle-même anticipée par la forme de l'expression : on suppose que le texte sera lu de telle manière que telle omission d'une formule, par ailleurs répétée, fera l'objet d'une interprétation. Si le ciel est en quelque sorte déprécié, c'est qu'il ne peut ni servir de modèle analogique à ce que devrait être l'ordre sur terre, ni faire l'objet, par conséquent, d'une quelconque forme de vénération : sur terre, l'ordre qui devra régner sera celui de la loi, non celui de la nature (cf. *Deutéronome* IV, 19). Dès que l'on a compris que l'ordre suivi par le texte de Genèse I dans l'exposition de ce qui est créé et fait va de ce qui est fixe et immobile (ciel, terre, eaux, plantes) à ce qui est mobile, mais dont le cours ou les mouvements sont prévisibles (astres, animaux), puis, enfin, à ce qui est mobile et imprévisible (l'être humain qui n'obéit pas à des instincts), on peut apprécier que la formule « c'est bien » ne vienne pas sanctionner la création de l'homme qui pourra dévier de la voie, morale, qui lui sera prescrite[1]. Ainsi, le vouloir-dire n'est pas ce qui anticiperait sur un vouloir-exprimer, ni ce qui, en quelque sorte, le dicterait jusque dans sa lettre : c'est bien plutôt l'inverse, et c'est le vouloir-exprimer qui modifie le vouloir-dire, dans la rédaction même du texte, au point que c'est à partir du vouloir-exprimer qu'il faut élaborer l'interprétation du vouloir-dire. Ricœur semble en avoir eu conscience lorsqu'il cherche à montrer qu'il peut y avoir « en deçà de l'opération subjective de l'interprétation comme acte *sur* le texte, une opération objective de l'interprétation qui serait l'acte du texte »[2]. L'exemple qu'il convoque est tiré… de *Genèse* I où il distingue entre le « récit d'action » scandé par les formules « Dieu fit… » et un « récit de paroles » exprimé par « Dieu dit et cela fut… » ; de ces « deux récits », le premier « joue le rôle de tradition et le second d'interprétation ». On peut ainsi avoir l'impression que Ricœur tiendrait compte de ce que nous avons appelé le vouloir-exprimer ; cependant, la distinction opérée entre « deux récits » ne se justifie que sur une décision d'interprétation qui a déjà rendu son arbitrage sur ce que devait être la « lettre » du texte. Et, littéralement, cette distinction passe à côté d'une autre, pourtant présente dans

---

1. *Cf.* U. Cassuto, *A Commentary on the Book of Genesis*, Jérusalem, Magnes Press, 1964, et L. Strauss, « Sur l'interprétation de la Genèse » (1957), dans *L'Homme*, vol. 21, n° 1, Paris, 1981.

2. *Du texte à l'action, Essais d'herméneutique* II, *op. cit.*, p. 156.

l'hébreu, entre deux verbes : *bara* et *hassé*, « créer » et
« faire », dont le premier est d'un usage exceptionnel (au cours
de la création seuls sont ainsi créés le ciel et la terre, les
animaux marins et les oiseaux, l'homme et la femme ; tout le
reste est « fait », à l'exception de la lumière qui n'est ni créée ni
faite ; en outre, seuls l'homme et la femme sont à la fois faits
– verset 26 – et créés, le verbe *bara* est employé trois fois
au verset 27). D'autre part, et pour souligner davantage ce
qu'implique un littéralisme plus exigeant, il faut introduire
une autre distinction : la création, dans son ensemble, résulte
en quelque sorte de dix paroles divines ; mais, lorsqu'il crée
l'être humain, et uniquement à ce moment-là, Dieu s'adresse à
lui-même la parole, de même qu'il s'adresse pour la première
fois à quelqu'un lorsque l'homme *et* la femme sont créés. Qui
plus est, et cela ne manque pas d'être frappant du point de vue
du texte, la création de l'homme est répétée, et même si la
formule est, la deuxième fois, presque identique à la première
(*Genèse* I, 26-27), elle est exprimée alors dans un style poétique qui obéit à une construction en miroir : « Alors Dieu créa
l'homme selon son image, selon son image il le créa, masculin
et féminin il les créa ». Il va de soi que ces versets posent, ont
posé et poseront de considérables problèmes d'interprétation,
car toutes les questions soulevées (aux yeux des juifs tout
autant, par la suite, qu'à ceux des chrétiens) par l'idée d'*imago
Dei* ont tellement masqué la lettre du texte qu'il devient
difficile de l'interpréter sans tomber dans la redite de telle ou
telle tradition exégétique. Il est même possible qu'un retour à
la lettre soit à ce point choquant pour l'esprit qu'il sera
soigneusement évité (mais, dans ce cas, il est problématique,
comme le fait Ricœur, de ne pas tenir compte de tous les

versets de *Genèse* I si l'on veut comprendre ne serait-ce que les deux premiers et le début du quatrième[1]). Un autre exemple, plus moderne, montre à quel point le statut même de l'original dépend de la manière dont son auteur en aura établi la composition; Descartes, dans la troisième partie de son *Discours de la méthode*, exprime ainsi en français la première règle de sa « morale par provision » : « La première était d'obéir aux lois et aux coutumes de mon pays, retenant constamment la religion en laquelle Dieu m'a fait la grâce d'être instruit dès mon enfance… »[2]. Sept ans plus tard, l'auteur donne une traduction de sa plume en latin : « *Prima erat, ut legibus atques institutis patriæ obtempe rarem firmiterque illam religionem retinerem* quam optimam judicabam[3], *et in qua Dei beneficio fueram ab ineunte ætate institutus…* »[4]. On remarque aussitôt que Descartes a rajouté, pour qualifier la religion au sein de laquelle il a été élevé, « que je jugeais être la meilleure », ce qui ne représente pas une mince concession à la censure, ou bien, si l'on choisit une autre voie d'interprétation, ce qui n'est pas un aveu négligeable.

Les raisons de la prudence de l'auteur sont sans doute à chercher dans les pesanteurs d'une certaine censure et les menaces fort réelles dont elle pouvait user; mais, du même coup, quel texte doit-on alors considérer comme l'original ? La « traduction » en latin du texte français introduit une variation qui n'est pas anodine; elle nous invite à chercher plus avant dans la composition même des alinéas du *Discours* s'il ne s'y observe pas un effet rhétorique qui nous renvoie à l'idée d'un

---

1. Cf. *Exégèse et herméneutique*, Paris, Le Seuil, 1971, p. 67-98.
2. *Œuvres*, éd. Adam et Tannery, t. VI, Paris, Vrin, 1973, p. 22.
3. C'est nous qui soulignons.
4. *Ibid.*, p. 552.

« art d'écrire » tel qu'en parle Leo Strauss dans son essai sur ce même thème[1], et qui nous permet de mieux cerner l'idée complexe d'original. On pourra alors observer que, presque systématiquement, Descartes fait débuter et s'achever ses alinéas sur des phrases de portée très générale, parfois rédigées dans le style de la scolastique, qui semblent énoncer en quelque sorte des truismes, tandis que l'essentiel de ce qu'il veut dire se situe au cœur même de ces alinéas : il préjuge ainsi d'une lecture de censeur, rapide et peu scrupuleuse, qui s'attache à vérifier, sans plus ample examen, une sorte de conformité à ce qui est à l'époque admis. Le censeur ne s'embarrasse pas de pénétrer au sein de l'argumentation véritable, ni de démêler ce qui relève ou non de l'ironie de l'auteur (comme l'indique cependant au lecteur attentif les premières phrases du *Discours*, ainsi que le cœur de l'alinéa qui suit les phrases données plus haut en exemple).

Faire apparaître de telles implications dans la manière dont le texte a été conçu afin que la forme de son expression débouche sur un commentaire dont on anticipe ainsi l'orientation ne relève donc pas du simple vouloir-dire, pas plus que d'un structuralisme faisant fi de l'auteur comme du lecteur.

Dans sa discussion de l'analyse structurale, Ricœur fait à juste titre valoir que ce type d'analyse tend à s'identifier à une « explication » des relations et des rapports objectivables dans le texte ainsi réduit à une configuration logique : « Le sens du récit est dans l'arrangement même des éléments ; le sens consiste dans le pouvoir du tout d'intégrer des sous-unités ; inversement, le sens d'un élément est sa capacité à entrer en relation avec d'autres éléments et avec le tout de l'œuvre ; ces postulats ensemble définissent la clôture du récit […] L'appli-

---

1. *La Persécution et l'art d'écrire*, trad. fr. O. Sedeyn, Paris, L'Éclat, 2004.

cation de cette technique aboutit à "déchronologiser" le récit»[1]. Autrement dit, à l'extraire arbitrairement de son histoire tout en lui assignant des «causes» nécessairement hétérogènes à ce qu'il est comme texte singulier. Or la traduction implique une autre attitude puisque «le texte, en tant qu'écriture, attend et appelle une lecture; si la lecture est possible, c'est bien parce que le texte n'est pas fermé sur lui-même»[2]. Cela implique donc qu'on reconnaisse sa pleine légitimité à l'«auteur», c'est-à-dire à l'instance qui décide de la composition du texte sans que cette décision puisse être reconstituée d'un point de vue psychologiste puisqu'on ne peut y avoir accès, encore une fois, qu'à travers des éléments strictement textuels. Ainsi ne suffit-il pas qu'on se représente l'original comme un exemple d'effectuation d'un code auquel il serait toujours finalement réductible : dans ce cas, la traduction serait finalement toujours un échec puisqu'elle devrait transposer un code en un autre. En outre, comme on le verra, la version strictement structuraliste du texte finit par en réduire le «sens» à celui des réseaux préalables de relations entre signes. Ce n'est pas, quant au fond, une position très différente de celle d'un certain romantisme qui croit en une expressivité du langage comme tel, au point qu'on pourrait dire, dans une autre perspective, mais qui, pour ce qui nous concerne reviendrait finalement à une même conception de l'antériorité du «sens» : «le langage parle» ou «la langue parle»[3]. Bien

1. *Du texte à l'action, Essais d'herméneutique* II, *op. cit.*, p. 149 *sq.*

2. *Ibid.*, p. 152.

3. *Cf.* W. Benjamin, *Sur le langage en général et sur le langage humain*, (1916), dans *Œuvres* I, trad. fr. M. de Gandillac, revue par R. Rochlitz, Paris, Gallimard, 2000, p. 145 : «Tout langage se communique lui-même». *Cf.* également, Heidegger, *Unterwegs zur Sprache, Gesamtausgabe*, vol. 12, Frankfurt am Main, Klostermann, 1985, p. 10 *sq.*; ainsi que *Qu'appelle-t-on penser?*,

entendu, un original n'est pas toujours simplement donné dans la matérialité moderne à laquelle nous sommes habitués depuis l'existence de l'imprimerie; il faut, lorsqu'il s'agit de textes plus anciens, faire intervenir nombre de procédures d'établissement du texte, et c'est le rôle traditionnellement dévolu à la philologie – encore faut-il se débarrasser aussitôt de l'illusion que ladite philologie serait une sorte de discipline annexe et auxiliaire; au contraire, elle est d'emblée confrontée à toute une série de choix complexes qu'elle ne peut effectuer en se contentant de mobiliser le système d'une langue et une reconstitution historique du contexte dont l'original ne serait qu'un produit ou un reflet. Pareille reconstitution opère le même type de réduction du texte à son « contexte » politique, économique, juridique et plus généralement culturel que celui, structuraliste, du texte au code de sa langue. La philologie, dont la traduction est en quelque sorte un cas particulier, implique une interprétation qui considère le texte comme partie prenante de l'histoire où il s'inscrit.

Dans sa pratique, la traduction prend donc toujours pour point de départ un texte qu'elle a *reconstitué* en un original, car ce dernier n'est jamais donné comme tel, et elle a pour résultat un autre texte dont on peut penser qu'il a détruit tout le réseau langagier subtil dudit original. La liaison de l'axe paradigmatique et de l'axe syntagmatique, le découpage des champs connotatifs, le jeu des associations conscientes ou non, les synonymies, antonymies, homonymies, les liaisons intertextuelles, les élaborations syntaxiques, les rythmes, les

trad. fr. G. Granel, « Quadrige », Paris, PUF, 1999, p. 139 : « Poésie et pensée ne se bornent jamais à utiliser la langue, à demander son secours pour se déclarer, mais pensée et poésie sont, en soi, le parler initial, essentiel et par conséquent du même coup le parler ultime que parle la langue à travers l'homme ».

sonorités, tout cela vole en éclats, de même tout ce qui ressortit à l'état d'une langue à tel moment de son histoire, c'est-à-dire le croisement des axes sémantique et sémiotique. Au sein de toute langue, en effet, une dynamique est à l'œuvre qui en est comme l'identité inchoative : les innovations sémiotiques, sur le plan des graphèmes, des morphèmes, sont comme une anticipation innovatrice qui crée un écart de discours par rapport au code ; ces innovations sont vouées à disparaître ou, au contraire, à se sédimenter sur le plan sémantique (un néologisme prend racine, une neutralisation morphématique s'installe comme tendance durable, un choix autrefois syntaxique laisse place à de la parataxe, etc.) ; bref, le jeu des connotations n'en finit pas d'alimenter en quelque sorte la vie d'une langue, et la traduction, brutalement, la fige pour la transplanter dans un autre système où la même dynamique a suivi nécessairement des voies différentes. La traduction bat en brèche l'identité active de la langue-source incarnée surtout dans des textes qui en sont par ailleurs comme la caution ; on comprend aisément pourquoi les traducteurs sont souvent la cible d'une agressivité identitaire latente. C'est en faisant un tel constat qu'on avance l'hypothèse de l'intraduisible. Pour user d'une image qui s'appuie sur l'étymologie du terme de traduction, on aurait l'impression que les traducteurs seraient de négligents déménageurs qui abandonneraient au départ un certain nombre d'éléments du mobilier, ou en perdraient au cours du trajet, si bien que la reconstitution de l'intérieur original serait toujours impossible – le client averti ne se reconnaîtrait jamais tout à fait chez lui. La traduction « perdrait » donc une part de ce qui faisait la substance de l'original. Et il est indubitable que, vue sous cet angle à la fois spatial et substantiel, l'opération de traduction semble toujours vouée à l'échec.

L'INTRADUISIBLE

Quoi qu'on puisse dire sur l'impossibilité de la traduction – elle ne restituera jamais l'original dans toutes les dimensions qu'il a pu avoir pour ses lecteurs initiaux – ou sur ses imperfections – on retraduit sans cesse les « mêmes » œuvres –, force est d'admettre avec Paul Ricœur « que l'on a toujours traduit », et qu'il faut ainsi préférer ce qu'il appelle une « alternative pratique, l'alternative fidélité *versus* trahison » à « l'alternative théorique : traduisible *versus* intraduisible »[1]. La traduction est, en effet, très simplement, la réponse pratique à la diversité des langues, réponse qui a toujours été donnée depuis plus de deux mille ans. Mais il va de soi qu'on peut aussi dramatiser la diversité des langues, l'interpréter en soulignant son caractère énigmatique : le langage est une faculté humaine universelle, or toute langue contredit cette universalité, « voilà une compétence universelle démentie par ses performances locales, une capacité universelle démentie par son effectuation éclatée, disséminée, dispersée »[2]. Mais qu'y a-t-il véritablement d'énigmatique dans le fait que, dotée d'une semblable faculté de langage, l'humanité ne parle pas la même langue ? Ce fait ne demeure nimbé de mystère qu'au regard de ce que Paul Ricœur appelle la « métaphysique » de la traduction[3]. En

---

1. *Cf.* « Le Paradigme de la traduction », *Esprit*, n° 253, juin 1999, p. 10 (ce texte est la Leçon d'ouverture prononcée à la Faculté de théologie protestante de Paris, en octobre 1998).

2. Art. cit., p. 9.

3. *Cf.* à ce propos, la manière dont Gentile formule la question de la traduction à travers un paradoxe : on ne traduit jamais, car toutes les langues renvoient à un horizon d'intelligibilité universelle qui serait celui de la raison humaine, et l'on traduit toujours, car les langues sont toutes différentes, et, qui plus est, ne cessent, prises isolément, d'être différentes d'elles-mêmes (*Frammenti di estetica e letteratura*, dans *Scritti vari di Giovanni Gentile*, Lanciano, Carabba, 1920).

effet, que l'on suppose la diversité contingente et, donc, transitoire ou qu'on fasse l'hypothèse de son irréductibilité permanente, c'est, dans les deux cas, une confusion qui s'opère : soit les langues sont, à terme, vouées à se fondre toutes dans le « langage » enfin réunifié (l'universalité est alors le *telos* à l'accession duquel la traduction contribue), soit chacune campe à jamais dans ses propres limites, et l'universalité (comme la traduction) n'est qu'une illusion, ce que vient massivement battre en brèche et le fait historique de l'interpénétration complexes de plusieurs idiomes débouchant sur la formation d'autres langues, et celui, également historique, d'un débordement constant des limites de chaque langue vers les technolectes plus spécialisés des sciences outrepassant les frontières de la plupart des « cultures ». La conjecture d'une transparence totale à venir, comme celle d'une irréductible opacité indigène ne fait que radicaliser en les faussant deux tendances effectivement présentes dans toute langue : la dynamique sémantique et la dynamique sémiotique. Ces hypothèses radicales commettent, outre l'erreur de pareille radicalisation, celle d'isoler, chacune, l'une des deux tendances, alors qu'en toute langue elles sont évidemment indissociable.

Mais il est juste de remarquer que c'est à l'occasion d'un jugement porté sur la traduction que de telles radicalisations s'observent. En effet, le travail même de la traduction suppose une sorte de destruction de l'original : la combinaison singulière des deux dynamiques, sémantique et sémiotique, est défaite, autrement dit, l'essentiel de ce qui constituait l'originalité de l'original vole en éclats. De même, la connexion essentielle de l'axe syntagmatique et de l'axe paradigmatique se trouve *ipso facto* dissoute puisqu'elle n'est jamais « exportable » : même si les syntaxes des deux langues mises en rapport par la traduction sont très voisines, la série des associations, des synonymies, des antonymies, des attentes et des anticipations reste propre à telle langue; en outre, l'histoire même de chacune des deux langues est singulière, indissociable de celle des œuvres, si bien que la valeur linguistique de tel terme apparemment identique n'est jamais exactement contemporaine de son calque dans la langue où l'on traduit[1]. On comprendra immédiatement qu'il n'y aucune chance que puisse se retrouver dans aucune autre langue la « réussite » d'un vers de Mallarmé comme « Aboli bibelot d'inanité sonore » : la plupart du temps, une traduction transformera ce vers en n'en retenant que la strate sémantique abusivement isolée, ce qui donnera des « équivalents » presque risibles à nos yeux, du genre : « Objet décoratif évacué produisant des sons absurdes », ou « Ornement absent, cause de bruits illusoires » ; d'autant que le « ptyx » ainsi qualifié risque fort d'avoir lui-même été emprunté du grec par le poète à seule fin de fournir une rime à Styx (ainsi qu'à onyx, Phénix, nixe et fixe)[2]. Ce qui devrait être traduit ne peut pas non plus être simplement déterminé par la syntaxe qui, dans l'exemple qui nous occupe s'estimerait satisfaite d'avoir donné à ce vers la fonction

---

1. Le mot « sélection », qui de nos jours semble si banal en français, a pourtant été introduit par la traduction, au XIXe siècle, des œuvres de Darwin, et faisait alors figure de néologisme.

2. *Cf.* la lettre de Mallarmé à Lefébure (3 mai 1868) : « [...] concertez-vous pour m'envoyer le sens réel du mot ptyx; on m'assure qu'il n'existe dans aucune langue, ce que je préférerais de beaucoup à fin de me donner le charme de le créer par la magie de la rime ». Le grec indique que le ptyx, connotant l'idée de pli, peut signifier une bande de cuir ou de métal replié pour recouvrir un bouclier, ou une tablette destinée à écrire (l'inanité sonore renvoie, dans ce cas, aux sonorités absurdes ou bizarres – pour l'oreille profane – produites par la poésie); il est possible aussi, non sans solliciter beaucoup le grec, de comprendre par « ptyx » un coquillage (qui, porté à l'oreille, produirait cette inanité sonore).

d'apposition qui est aussi la sienne, mais n'en épuise nullement la signification du point de vue de sa fonction poétique :
en effet, le « sens » de ce vers, outre sa fonction syntaxique et
le jeu de ses signifiants au sein du sonnet, est précisément
d'opérer une inversion patente des tendances sémantique et
sémiotique. Le vers dit, au niveau sémantique, que le fameux
ptyx est absent, donc silencieux du moins dans le décor
esquissé, tandis que, au niveau sémiotique, la qualification
de l'objet muet est, au contraire, malicieusement sonore
puisqu'elle joue sur une paronomase comparable à certaines
comptines – « a-bo-li bi-be-lot d'i-na-ni-té so-no-re » – voire
au balbutiement puéril (bo, bi, be, na, ni, no). Ce qu'il faut
traduire implique donc qu'on aille jusqu'à complètement
abandonner toute équivalence sémantique[1]. Et voilà qui
conforte la thèse de l'intraductibilité, car même l'équivalence
sémantique ne garantit nullement, lorsqu'elle est préservée,
que l'énoncé aura une valeur comparable : Claude Roy rappor-
tait cette anecdote d'un de ses voyages en Chine à l'époque où
la fermeture à l'étranger voulait être à ce point étanche que les
interprètes chinois n'apprenaient les langues que dans les
grammaires et les dictionnaires ; au premier toast porté pour
saluer la délégation française, l'interprète traduisit : « Je dresse
mon bocal à l'hygiène du Président »…

  Mais la traduction étend plus avant son travail de sape, car
elle s'attaque inévitablement à des œuvres qui ont été, à un
moment donné de l'histoire d'une langue, précisément des

---

1. Pourtant, et comme c'est presque toujours le cas, il existe des traductions
de ce sonnet qui ont bien perçu ce qu'il fallait traduire ; pour n'en citer qu'une :
G. Goebel (dans S. Mallarmé, *Gedichte : französisch und deutsch*, Gerlingen,
Schneider, 1993) donne cette version du vers : « *Nichtiges Nippes, klangvoll
hohl und längst auch verloren* », où l'on retrouve rythme, sonorités, rime et
« sens ».

creusets producteurs de cette même langue, en quelque sorte des accélérations dans le processus de génération d'un état plus perfectionné de cette langue et, indissociablement, de la culture sans laquelle elle n'aurait aucun sens. Lorsque Du Bellay, par exemple, dans *Les Antiquités de Rome*, écrit, au trentième de ses sonnets, cette première strophe :

> Comme le champ semé en verdure foisonne
> De verdure se hausse en tuyau verdissant
> Du tuyau se hérisse en épi florissant,
> D'épi jaunit en grain, que le chaud assaisonne

il apparaît, à l'instar de Dante deux siècles plus tôt, l'un de ceux qui, après Cujas, ont contribué à l'émergence du français moderne, c'est-à-dire d'une langue nationale émancipée du latin ; et il n'est pas indifférent que ce français moderne soit né à la fois de la reformulation du droit exigée par Philippe-Auguste et de la poésie, comme de la vaste entreprise de retraduction des classiques antiques dirigée par Guillaume Budé (l'allemand, lui, n'obéit pas à une même généalogie, puisque, comme on le sait, sa formation doit bien davantage au langage religieux des mystiques, à Eckhardt notamment, puis à Luther). Ce trentième sonnet, après avoir, dans les deux premiers quatrains, mis en place une dynamique ascendante filant la métaphore de la croissance germinative du blé et de sa récolte, applique, dans les deux tercets et de manière donc plus expéditive, cette image à l'ascension puis au déclin de l'empire romain dont « les reliques » abandonnées par « la barbare main » qui l'a « dépouillé » sont ce « que chacun va pillant ». L'ironie est obvie : la langue française est montrée dans son mouvement – naturel, par conséquent – de floraison croissante, promise à un été comparable à l'apogée du monde romain, et Du Bellay refuse de se retrouver dans la situation du glaneur ramassant les reliques « de ce qui va tombant après le moissonneur », donc d'avoir à écrire dans la dépendance du latin. Quel sens aurait alors la traduction d'un tel sonnet dans une langue qui n'aurait jamais eu à s'affranchir d'un espace culturel aussi massivement dominant que celui de la latinité ? Quelle traduction attendre dans une langue qui ignorerait la forme française du gérondif et les rimes qu'il fournit d'emblée ? Lorsqu'on cherche à traduire en français les poésies de Goethe, on se heurte à cette même limite invisible que constitue le décalage fonctionnel et historique qui fait de telle œuvre la source même de la langue à partir de laquelle on cherche à traduire. Puisque la dynamique de chaque langue consiste à donner un sens nouveau à des signifiants tradition-nels, comme à créer de nouveaux signifiants soit pour expri-mer de nouveaux signifiés, soit pour en réactiver d'anciens, soit encore pour manifester des virtualités de sens encore inexploitées, et, surtout, à inventer de nouvelles combinaisons syntaxiques, puisque cette dynamique est en quelque sorte l'identité active de chaque langue, la rupture introduite par la traduction apparaît insupportable, et jamais la dynamique propre au texte de la traduction ne peut coïncider avec celle de son original. La traduction fait plutôt ressortir de manière aiguë à quel point, entre deux langues, le rapport est marqué par le temps, c'est-à-dire par la discontinuité historique.

En insistant, comme on vient de le faire, sur ce qui militerait en faveur d'une intraductibilité fondamentale, ou sur le travail destructeur de la traduction, on a simplement résumé le sentiment d'insatisfaction, de frustration, voire de dépossession qui n'est que trop fréquent à la lecture de maintes traductions. Mais, comme le souligne Paul Ricœur, la traduction est

« trahison créative de l'original, appropriation également créatrice par la langue d'accueil : construction du comparable »[1].

S'il n'est que la désignation de ce que tel traducteur est incapable de récrire, c'est à tort qu'on parlera d'intraduisible : un autre traducteur franchira ce qui fut pour le premier limite, et une autre époque ne s'immobilisera pas devant des impasses qu'elle ne percevra plus comme telles. D'autre part, le traducteur n'est jamais en peine d'expliquer pourquoi il ne peut trouver de solution satisfaisante, et l'intraduisible n'est jamais inintelligible – il fait souvent même la fortune de la note du traducteur, il en est la justification. L'intraduisible, même lorsqu'il est effectif et n'est plus synonyme commode de telle incompétence, n'est jamais un problème sur le versant de l'analyse, de l'interprétation; il n'est qu'une impossibilité momentanée de la récriture, ou structurelle de telle langue, mais pas de la traduction : il est toujours possible, en effet, de donner une sorte d'équivalent, étayé par des explications. L'intraduisible véritable est simplement ce qu'on ne peut véritablement pas récrire, ce qui ne signifie pas non plus qu'il interdit toute forme de traduction, mais cette dernière se réduirait pour ainsi dire à une gigantesque note explicative qui, finalement, se substituerait à la traduction, elle-même désormais inutile. Cet intraduisible véritable est, en réalité, exceptionnel; on serait tenté de dire qu'il ne se rencontre que dans des cas bien précis où le texte original est opaque même à un regard autochtone. Un des meilleurs exemples en est fourni par le dernier poème de Hölderlin, *die Aussicht* (« La vue »), dont la seule « traduction » véritable est l'analyse qu'en donne Roman

---

1. *Cf.* « Un "passage" : traduire l'intraduisible », repris dans *Sur la traduction*, *op. cit.*

Jakobson[1]. L'examen de ce qui fait qu'un original est « intraduisible » au sens propre du terme permet, *a contrario*, de comprendre pourquoi presque tout original admet la traduction comme une des virtualités consubstantielles à sa facture. Dans son cabinet de Prague, Arcimboldo collectionnait les « monstres » (du monde animal, pour l'essentiel) dont il faisait la source négative de sa compréhension des organismes normaux, et c'est à cette démarche qu'invite l'étude de Jakobson[2]. Ce qui rend ce texte intraduisible, ce n'est pas son incohérence sémantique, provoquée par la « folie » de son auteur – au contraire, le texte donne l'apparence d'une sorte de ballade teintée de nostalgie dont le « sens » superficiel est de part en part tout à fait déchiffrable –, mais son agencement que seule révèle l'analyse : pour le résumer, il suffit de dire que les dimensions sémantique et sémiotique voient leur rôle respectif s'inverser, d'une part, et que, d'autre part, au lieu que ces deux axes tendent seulement l'un vers l'autre dans une relation qui, normalement, reste asymptotique parce que, précisément, ils ne parviennent jamais à coïncider ou à se recouvrir ni à saturer le texte, l'axe sémiotique y assume la fonction sémantique et la fonction sémantique ne sert plus qu'à être le support de la dimension sémiotique. On a ainsi affaire à une œuvre de crise, laquelle est d'abord d'ordre esthétique – déclenchée par la

1. *Cf.* « Un regard sur "La vue" de Hölderlin », dans *Russie, folie, poésie*, trad. fr. N. Huston, M. de Launay, A. Markowicz, préface T. Todorov, Paris, Le Seuil, 1986, p. 169-220.

2. Il existe, bien évidemment, plusieurs traductions de ce poème (celle de P.-J. Jouve, *Poèmes de la folie de Hölderlin*, Paris, Gallimard, 1930, notamment), comme il en existe plusieurs commentaires dont aucun (pas même celui de P. Szondi, « Interpretationsprobleme », dans *Einführung in die literarische Hermeneutik*, Francfort s/M., Suhrkamp, 1960) ne perce à jour la structure schizoïde trop aboutie pour être facilement perceptible.

conscience obscure, chez le poète, que le paradigme classique
ne peut plus être sollicité pour ce qu'il voudrait écrire, que son
œuvre se heurte donc à une impasse, tourne en rond, au seuil
d'un autre paradigme vers lequel elle fait signe désespérément
sans pouvoir le mettre en œuvre –, ensuite d'ordre psychologique ; mais la folie de l'auteur n'est pas synonyme d'incohérence, il s'agit, au contraire, d'une fuite en avant vers la
cohérence totale, folle, dans l'application de son propre pro-
gramme esthétique : l'idéal selon lequel tout doit s'inter-
pénétrer reste esthétiquement créateur – on en trouvera un
écho direct chez Baudelaire, par exemple – tant qu'il demeure
un idéal, précisément ; sa réalisation compulsive entraîne en
revanche la production quasi somnambulique (Hölderlin écrivait d'une traite et presque sans rature ces œuvres-là) de textes
dont la cohérence excessive les soustrait au genre commun[1].
Les textes ainsi saturés pétrifient en quelque sorte la dynamique du style en lui refusant d'être un processus, justement,
et qui ne s'achève pas : la condition de possibilité d'une
récriture est bien là. Tout texte est animé par cette dynamique
qu'on peut décrire comme une double négation simultanée de
la dimension sémiotique, que l'écriture tend à convertir en
sémantique, et de la dimension sémantique pour la recourber
sur le sémiotique ; la résultante de cette double négation c'est

---

1. Les structures monologiques du discours restent intactes, mais c'est tout
le versant dialogique qui s'effondre. Dans « La vue », la construction des vers,
la matière lexicale, la répartition des mots dans le poème font apparaître une
compulsivité de symétries et d'oppositions sur les plans phonétique, métrique,
morphologique et syntaxique qui réalisent jusqu'à la saturation ce que
Hölderlin se proposait dans son essai sur *La démarche de l'esprit poétique* : « Il
y a une relation intime entre le point initial, le point central et le point terminal,
de sorte que, dans la conclusion, le point final revient au point initial et celui-ci
au point central » (cf. *Œuvres*, « Bibliothèque de la Pléiade », Paris, Gallimard,
1967, p. 611).

l'œuvre qui à la fois anime et suractive cette double négation tout en en proposant une résolution, évidemment provisoire. S'il est possible de la traduire en la récrivant, c'est bien parce que la résultante reste dynamique et qu'elle ne s'effondre pas dans la saturation.

Qu'il revienne à la poésie de rendre sensible cette trame active du langage n'a rien qui puisse surprendre; le vers de Mallarmé en donne une illustration remarquable et sans doute fort difficile à traduire, mais peut-être pas tout à fait impossible si l'on songe que le référent désigné par le vers est bien un processus non saturé d'inversion du sémiotique et du séman- tique, le premier proposant un démenti ironique, mais percep- tible et intelligible, du second. Dans son poème «Grand paysage près de Vienne», Ingeborg Bachmann, introduit, entre deux développements strophiques, un vers dont la fonction de frontière au sein du poème redouble son sens immédiat qui est de dire ce qu'est près de Vienne la frontière effective qui sépare l'ouest de l'Europe du grand Est, et qui est comme un confinement de l'Asie : *Asiens Atem ist jenseits* («La respiration de l'Asie est au-delà», ou «Au-delà, c'est le souffle de l'Asie»). Par le jeu des fricatives spirantes et sifflantes, des diphtongues et de la diérèse [azjɛns atem ist jɛnzajts], une interpénétration et une mise en miroir à la fois sonores et visuelles confortent l'ambivalence de la notion même de frontière telle qu'elle est interprétée par l'auteur soulignant le double mouvement par lequel, regardant vers l'«au-delà» d'une frontière, on appelle le plus lointain qui tend à déborder vers l'«en-deçà» de la limite qui le contient. Ce qu'il faut traduire, c'est moins la littéralité apparente que la mise en miroir qui suggère une juxtaposition dynamique au lieu même du vers, métaphore de la frontière qu'il suggère de rendre floue et d'estomper, non sans échos provocateurs, en l'occurrence, puisque Bachmann entend substituer à la frontière Autriche-Hongrie, à l'époque désignée par l'expression « rideau de fer », une autre démarcation, celle entre l'Europe et l'Asie. Le problème de la récriture est posé là dans son abstruse netteté. L'interprétation a joué son rôle qui est d'orienter la recherche de récriture dans une certaine direction ; reste que la traduction qu'on peut donner de ce vers, « L'effluve de l'Asie affleure jusqu'ici », ne semble pas autre chose qu'une « trouvaille » – qui donne, comme on dit, une « idée » de l'original –, c'est-à-dire le contraire d'un résultat produit par une démarche rationnelle ou réglée qui pourrait être reconstituée comme l'analyse de l'original. Entre l'analyse et la récriture, il y a un saut, certes préparé par l'analyse, mais sans que cette dernière puisse jamais préjuger de sa réussite approximative. La part de « chance », la contingence qui commande et la disponibilité de signifiants à peu près équivalents à l'intention et l'intuition chez le traducteur, est indéniable ; elle signifie surtout l'impossibilité d'universaliser la démarche de récriture, tandis qu'il est possible à l'analyse d'être traduite, précisément, à l'horizon d'une généralité intelligible en dépit de la diversité des langues. Mais cette finitude propre au travail de récriture n'est, en réalité, que l'exact reflet de la singularité, de l'individualité qui a présidé à l'écriture de l'original. Et il est vain d'imaginer qu'on puisse passer outre cette limite, de même que sont vouées par avance à l'échec toutes les « méthodes » de traduction comprises comme des recettes qu'il suffirait d'appliquer.

En dépit de ces limitations, de son ancrage dans l'individualité de ceux qui la pratiquent, à l'instar de l'artisanat, la traduction produit ce que Paul Ricœur appelle une « équivalence présumée, non fondée dans une unité de sens démontrable, une équivalence sans identité »[1]; la traduction « construit des comparables »[2]. Au contraire de ce dont pourraient rêver les « métaphysiciens » de la traduction, perdus dans l'anti-nomie traduisible-intraduisible, Paul Ricœur réaffirme le caractère pratique du dilemme fidélité/trahison « parce qu'il n'existe pas de critère absolu de ce que serait la bonne traduction. Ce critère absolu serait le même sens, écrit quelque part, au-dessus et entre le texte d'origine et le texte d'arrivée. Ce troisième texte serait porteur d'un sens identique supposé circuler du premier au second »[3]. L'adage scolastique, *angeli loquuntur telephonando a Deo*, résolvait fort bien le problème en en supprimant la difficulté puisque Dieu jouait le rôle du parfait *tertium comparationis*. En lieu et place d'un tiers texte, les traducteurs ne disposent que d'une herméneutique, c'est-à-dire de la reconstruction d'un original qui doit, dans le meilleur des cas, aller jusqu'à faire apparaître quels aspects de cet original sont des innovations par rapport aux discours dont il était contemporain et sur le fond desquels il innovait, quels autres sont au contraire des reprises de la tradition discursive et, plus généralement, culturelle qui en fut le contexte. Mais même assurés d'avoir cerné la singularité du texte à traduire jusque dans ses détails, les traducteurs n'en disposent pas pour autant des instruments linguistiques qui permettraient une récriture identiquement « équivalente »; ils sont donc voués au « comparable », et aux béquilles inévitables de la note expli-cative[4]. Mais ils sont, surtout, inévitablement plongés dans

---

1. *Cf.* « Un "passage" : traduire l'intraduisible », art.cit., p. 60.
2. *Ibid.*, p. 5.
3. *Ibid.*, p. 4.
4. La note du traducteur peut, évidemment, apparaître comme le signe même d'un échec : il n'est en réalité que partiel puisqu'elle témoigne d'un

une temporalité qui, par nature, ne peut être identique à celle dont l'original était imprégné. Traduire et, de même, retraduire – ces deux activités sont historiquement indissociables – impliquent un autre rapport au temps : la traduction travaille à la modification du rapport à son passé d'un présent qui cherche à la fois à se reconstruire une généalogie différente de celle dont il hérite, et à anticiper, ce faisant, un futur dont il attend qu'il s'oriente différemment puisqu'il va bénéficier d'une filiation temporelle modifiée. La traduction s'inscrit alors dans la sphère de ce que Reinhart Koselleck analysait comme tension entre l'expérience (le passé rendu présent) et l'attente (le futur actuellement ancré dans le passé)[1].

LE SENS ET LE TEMPS

À l'aphorisme 83 du *Gai savoir*, Nietzsche lie explicitement la question de la traduction à la problématique de l'histoire : « On peut juger du degré de sens historien que possède une époque d'après la manière dont elle *traduit* et cherche à s'assimiler les époques et les livres du passé. [...] Comme les Romains savaient la traduire dans l'actualité romaine ! Comme ils effaçaient volontiers et sans scrupule la poussière d'aile de l'instant, ce papillon ! [...] Que leur importait que le créateur en question eût vécu ceci ou cela et en

---

passage à un niveau réflexif, « métadiscursif » si l'on veut, qui est exactement du même ordre, dans la communication intralinguistique et orale, au moment où, constatant une incompréhension chez notre interlocuteur, nous nous efforçons d'expliquer mieux « ce que nous voulions » lui dire.

1. *Cf.* R. Koselleck, *Vergangene Zukunft. Zur Semantik geschichtlicher Zeiten*, Francfort/Main, Suhrkamp, 1979, ainsi que l'analyse que P. Ricœur lui consacre dans *Temps et récit*, III, Paris, Le Seuil, 1985, p. 300-346.

eût inscrit les signes dans son poème! [...] Ils semblent nous demander: "Avions-nous tort de renouveler l'ancien pour nous y reconnaître *nous-mêmes*? d'insuffler une âme à ce corps sans vie? car il est bien mort une fois pour toutes; combien laid tout ce qui est mort!" – Ils ignoraient la jouissance de l'esprit historien; la réalité passée ou étrangère leur était pénible. [...] En effet, autrefois c'était conquérir que de traduire [...]». On reconnaît sans mal l'auteur de la *Deuxième Considération inactuelle* poursuivre sa critique de l'esprit historien visant la philologie et ses dérives «antiquaires»; mais il est néanmoins frappant que Nietzsche ne fasse nullement objection à la traduction en tant que telle qu'il considère, tacitement, comme une composante inéluctable de toute culture. Ce à quoi il s'attaque, c'est à la *manière* de concevoir cette activité: les époques ascendantes, vivantes, s'embarrassent peu de scrupules philologiques, font litière de ce qu'on appelle l'exactitude littérale, vont jusqu'à nier toute paternité littéraire en substituant le nom du traducteur-recréateur (le «conquérant» d'un nouveau monde culturel) à celui de l'auteur – et d'ailleurs, comme les Romains, certains classiques français, également vantés par Nietzsche, «traduisaient» dans le même état d'esprit, tel un La Fontaine s'appuyant sur Ésope et songeant peu à la dette ainsi contractée. Car une époque ascendante de la culture est, aux yeux de Nietzsche, une sorte de débauche de forces, par excès, qui essentiellement innove et voit dans toute reconnaissance de dette un frein néfaste où le mort semble vouloir saisir le vif et l'enserrer jusqu'à l'immobilité létale dans les réseaux de ses dépendances à l'égard de la tradition. Or si le philologue Nietzsche, trop averti des penchants vicieux de sa profession, pouvait constater de son vivant à quelle pernicieuse inflexion l'esprit historien entendait soumettre la dynamique de la culture puisqu'il voyait se développer partout un positivisme scientiste acharné à faire entrer au musée de la science allemande l'ensemble du passé, force est d'assouplir son diagnostic : la Renaissance a bien été, et à ses yeux mêmes, une époque ascendante, or c'est elle aussi qui a installé la relecture philologique de l'Antiquité. Certes, il s'agissait pour les « renaissants » de se libérer d'une scolastique trop pesante en lui opposant un contre-modèle, tout en faisant fond sur une rigueur qu'elle ne pouvait facilement fustiger. Aussi, Nietzsche eût-il pu difficilement contester que les scrupules philologiques étaient bien ce par quoi la lecture de l'Antiquité pouvait commencer d'échapper à sa recapture par le romantisme. Ainsi, l'activité traductrice ne se réduit-elle pas à l'alternative qui voudrait ne lui laisser d'autre possibilité que celles de l'appropriation conquérante, pliant le passé de la tradition aux exigences d'un présent, ou d'une dépendance quasi dévote à ce passé hypostasié en une origine supposée toujours plus riche de sens que toutes ses déclinaisons futures ; car un présent peut fort bien être animé d'une volonté de régénération qui ne s'accompagne pas d'une asphyxie de la tradition ni d'une pure et simple subordination au passé, mais qui veuille se reconstruire un autre passé que celui dont il a hérité. Ainsi, le diagnostic nietzschéen évoqué plus haut péchait-il par une sorte de volonté bien dissimulée de voir le temps s'accélérer au présent, c'est-à-dire la volonté de faire advenir, plus tôt qu'on ne s'y attendrait, une nouvelle époque ascendante. La manière de traduire reste donc bien révélatrice d'une éventuelle perversion du rapport au temps, et c'est d'abord ce rapport-là qui déterminera le rapport à l'original, c'est-à-dire la manière dont il sera reconstruit, certes sans pour autant préjuger de la réussite de sa récriture. Mais il ne suffit pas de montrer ce que la traduction bouleverse dans le texte-source ni d'insister, comme l'ont fait très longtemps les linguistes, sur l'ampleur des dégâts pour déclarer la traduction impossible et conforter ce que Georges Mounin avait dénoncé sous l'intitulé d'« objection préjudicielle » qui se résume, en fait, à ce constat trivial que le texte traduit n'est pas l'original. Le massif de la pratique devrait être un argument suffisant contre les finesses des objections linguicistes. D'autant que ces dernières argumentent très rarement au niveau des unités langagières prises en compte par la traduction en acte, à savoir des textes et non des énoncés, des argumentations développées à un niveau qui ne peut être réduit ni à une discussion autour de référents identifiables dans le monde empirique ni à un échange communicationnel entre locuteurs partageant des situations analogues. La traduction concerne, on l'a dit, des œuvres, mais ces dernières ne sont pas non plus à considérer dans la perspective d'une théorie du reflet qui n'y verrait que les expressions idéologiques d'états de choses nécessairement antérieurs ou, au mieux, contemporains auxquels il s'agirait finalement de les réduire. Privés d'autonomie, les textes n'ont plus de valeur propre, et la traduction n'aurait qu'à y reconnaître ces états de choses, lesquels équivalent alors aux référents du discours textuel. En outre, la marge de manœuvre responsable de l'écart entre discours et code n'a d'autre liberté alors que celle, engendrée ailleurs que dans des textes, qui résulte des événements de la réalité historique, économique, sociale et politique. Reconstruire un original, élaborer une interprétation à partir de laquelle la traduction cesse d'être une résolution au coup par coup de problèmes finalement séman-tiques, ou simplement grammaticaux, consiste, dans cette optique, à identifier, dans ce qu'on appelle la réalité de l'épo-que, les raisons du texte, et cette réalité-là finit par oblitérer entièrement la réalité littéraire de l'original, ainsi que les instruments et les moyens purement textuels auxquels il a eu recours. La traduction deviendrait une sorte de transcodage d'informations historico-sociologiques. En outre, et c'est bien entendu plus grave, ce serait refuser aux textes eux-mêmes le statut d'acteurs de l'histoire.

De même que les mots en tant que tels n'ont pas de sens substantiellement garanti, mais des emplois au sein de combinaisons complexes[1], de même on ne traduit ni des signes, ni des signifiants ni des signifiés, ni des référents (sauf dans le cas de transcodages fondés sur des lexiques préalablement déterminés), mais des articulations sémiotico-sémantiques, soit des sémantèmes, qui débordent largement la notion de signe : une répétition est un sémantème, au même titre qu'une inversion inattendue dans l'ordre ordinaire de la distribution de l'information au sein de la stylistique dominante de telle langue ; une colocation surprenante est un sémantème, tout comme le choix d'un rythme, d'un mètre, et tel jeu d'assonances ; la distribution quantitativement réglée de telles informations dans une énumération symétriquement ordonnée, le choix d'une figure rhétorique, des paronomases, tout le réseau complexe des intertextualités, etc. – autant de sémantèmes. Et c'est sur cette base que peut se reconstruire l'original, c'est-à-dire l'interprétation qui encadre la récriture. Cette dernière ne peut d'ailleurs se mesurer qu'à l'aulne de la cohérence qui innerve l'interprétation, ainsi qu'à celle de la cohésion qu'elle parvient à maintenir tout au long de sa propre rédaction. La reconstruction de l'original doit également tenir compte de ce qu'on appellera l'unité de traduction. Cette unité peut être un texte

---

1. *Cf.* J. Bollack, *Sens contre sens. Comment lit-on ?*, Lyon, La Passe du vent, 2000, p. 81 : « Les mots sont connectés, ils ne peuvent pas isolément se substituer à leurs connexions ».

isolé, une configuration de textes, toute l'œuvre d'un auteur, l'ensemble du système d'une langue, voire tout un pan de tradition textuelle y compris des effets nationaux ou internationaux d'intertextualité (ce problème se pose particulièrement aux traducteurs de textes théoriques qui sont souvent confrontés à une terminologie bien que cette dernière ne puisse jamais se substituer entièrement au texte où elle joue le rôle d'horizon et non d'état achevé du discours converti en lexique).

Mais le présupposé général de cette conception est que la source du sens est non seulement contemporaine des textes, mais, surtout, qu'elle y est pour l'essentiel située ; autrement dit, que le sens circule autour de la composition des textes (c'est-à-dire ce à quoi ils répondent et ce qu'ils entendent conforter ou modifier, de même ce en quoi ils veulent innover) et au sein même de leurs agencements. Ce présupposé est loin d'être celui que reconnaît Ricœur : « […] le discours […] veut, dans tous ses usages, porter au langage une expérience, une manière d'habiter et d'être-au-monde qui le précède et demande à être dite ». Il avoue une « conviction », dont il désigne immédiatement la provenance, Heidegger et Gadamer, conviction qu'un « être-à-dire » jouirait d'une « préséance à l'égard de notre dire »[1]. Cette conviction et la dette qui la fonde témoignent d'une longue fidélité de Ricœur à un héritage qu'il n'a jamais démenti depuis 1968 lorsqu'il affirmait que le mérite de Heidegger était d'avoir dégagé « une dimension du langage qui est antérieure à l'intention subjective et, à plus forte raison, aux structures de langue », au point que le mot serait « le point de passage de la parole qui nous est

---

1. *Cf.* « De l'interprétation », dans A. Montefiore (dir.), *Philosophy in France Today*, Cambridge, Cambridge U.P., 1983, repris dans *Du texte à l'action. Essais d'herméneutique II*, *op. cit.*, p. 34.

adressée à la parole que nous prononçons»[1]. Ce à quoi se réfère alors Ricœur en parlant du dire précédant tout parler et même toute langue, c'est bien évidemment la Révélation, mais il entendait alors lui donner un statut plus originaire encore que l'être heideggérien : il avait structuré en trois articulations sa réflexion sur le langage, pour montrer que l'analyse structurale n'envisageait que «la constitution de sa forme», que la «phénoménologie de la parole» s'attachait aux intentions du langage humain, et qu'il fallait donc déboucher sur une «ontologie du discours» où le langage (en général) était compris comme «un mode de l'être»[2]. La source du sens, et donc celle du langage opposé ici à toute langue, jouit d'une position absolument singulière : elle est antérieure à tout discours, à toute expression humaine, donc à tout texte – le plus obvie des paradoxes est que précisément ce discours sur la Révélation n'est possible qu'à partir de l'interprétation... d'un texte, qu'il s'agisse de *Genèse* IX, d'*Exode* XX ou du Prologue de *Jean*, voire de *Luc* XII, 49-51, et des lettres de Paul. Presque dix ans plus tard, dans son long essai sur la Révélation, et bien qu'il reconnaisse alors d'emblée le caractère historique de cette Révélation[3], Ricœur confirme ce qu'il pense des textes en général : «Ce qui est finalement à comprendre dans un texte, ce n'est ni l'auteur et son intention présumée, ni même la structure ou les structures immanentes au texte, mais la sorte

---

1. «Contribution d'une réflexion sur le langage à une théologie de la parole» (1968), repris dans *Exégèse et herméneutique*, Paris, Le Seuil, 1971, p. 316.

2. *Ibid.*, p. 304. Nous laissons de côté la question particulière qui consisterait à justifier la préséance de la Révélation par rapport à l'être : d'un point de vue heideggérien, c'est, bien évidemment impossible.

3. «Herméneutique de l'idée de Révélation», Bruxelles, Publication des Facultés universitaires Saint Louis, 1977, p. 25.

de monde visé hors texte comme la référence du texte »[1]. Ainsi les textes obéiraient-ils à des structures secondaires par rapport à l'intelligence de leur sens, structures qui ne devraient pas grand-chose à un auteur lequel, en réalité, serait plutôt le truchement d'un « sens »; et ce dernier de toute façon le dépasserait ou lui échapperait, les « intentions » de l'auteur, ce à quoi pourtant parvient (sans jamais atteindre une quelconque exhaustivité) la reconstruction s'appuyant sur les structures de ce qu'il a écrit, ne joueraient aucun rôle dans les efforts de composition dont néanmoins procèderait ce que nous lisons. Pour Ricœur, le texte serait en quelque sorte la « trace » d'un « dire » originaire et pour ainsi dire immémorial, adressé à notre écoute nécessairement vouée à n'être jamais capable de déchiffrer correctement cette saturation originaire du sens. De même que, chez Heidegger, la connaissance n'est qu'une modalité parmi d'autres de l'existence, tandis que le vécu se confronte sur un mode toujours préréflexif au « monde » qui ne se présente qu'à travers des structures de renvois ne sollicitant pas d'emblée une saisie cognitive[2], de même ici la connaissance de l'auteur, celle des structures du texte et celle du contexte historique de sa composition sont-elles jugées secondaires par rapport à ce que Ricœur appelle la fonction poétique incarnant « un concept de vérité qui échappe à la définition par l'adéquation […] ici, vérité veut dire non plus vérification mais manifestation, c'est-à-dire laisser-être ce qui se montre »[3]. La conséquence, pour la traduction, est immédiate : car il ne s'agit plus de répondre à un auteur et à ses textes en sachant comment l'auteur lui-même a pensé ses œuvres en réponse à tel ou tel

---

1. « Herméneutique de l'idée de Révélation », art. cit., p. 38.
2. Cf. *Être et Temps*, § 15.
3. « Herméneutique de l'idée de Révélation », art. cit., p. 41.

problème, posé dans tel contexte, comment il les a composées pour faire apparaître telle solution ou pour établir tel écart avec la tradition, il s'agit de répondre au « sens et à la référence de l'œuvre », donc de se placer sur un plan « historial » comme l'entend Heidegger lorsqu'il parle de la traduction dans son essai sur la parole d'Anaximandre. Si le « sens » est originaire et se distribue historiquement à travers des textes qui ne font jamais que l'exprimer sans être à même de le produire, interpréter consiste alors à repérer le même sous la diversité expressive réduite à n'être que contingente. Or c'est la condition de possibilité des textes écrits et composés par des auteurs qu'on nie au profit d'une « historialité » de la transmission[1], et cette historialité repose en fin de compte sur l'autorité qui l'interprète en ce sens-là, et, ce faisant, tente d'échapper à l'histoire, à la finitude grevant toute œuvre textuelle et, *a fortiori*, toute traduction, c'est-à-dire tente de passer outre les limites du temps historique pour parvenir à embrasser toute histoire même, comme c'est le cas de Heidegger, en se fondant sur une conception du temps qui déclare finie la temporalité[2].

Heidegger distingue d'emblée la traduction au sens d'un transcodage d'informations et ce qu'il appelle les traductions essentielles, c'est-à-dire « les traductions qui, aux époques où il est à propos de le faire, transcrivent une œuvre de poète ou de penseur »; ces dernières ont pour caractéristique de n'être

---

1. « L'être est plus essentiel que toute "personne" qui d'ailleurs n'est telle que grâce au rapport que l'être entretient avec elle », ainsi que le note Heidegger en annexe du volume 77 de l'édition d'ensemble de ses œuvres, *Feldweg-Gespräche*, Frankfurt am Main, Klostermann, 1995, p. 245. Cf., également, H. G. Gadamer, *Vérité et méthode*, trad. fr. P. Fruchon, J. Grondin, G. Merlio, Paris, Le Seuil, 1996, p. 318 : « Le sens d'un texte dépasse son auteur, non pas occasionnellement, mais toujours ».

2. Cf. *Être et Temps*, § 65 *in fine*.

« pas seulement une interprétation mais aussi une tradition »[1]. Cette « tradition » est en fait la transmission, à travers ce que nous appelons vulgairement histoire, d'une interrogation sur le sens de ce qui est originaire et s'adresse à nous par le biais de ce que dirait le langage en général sollicitant chaque fois le travail de la pensée. Ce travail, de par la traduction est « transposé dans l'esprit d'une autre langue et subit ainsi une transformation inévitable ». On comprend donc qu'il s'agit de retrouver un travail originaire de la pensée au plus près de ces transformations qu'il a nécessairement subies. Le travail requis par la traduction comprise en ce sens éminent fait apparaître « féconde » telle ou telle transformation, car cela place « sous une lumière nouvelle la position fondamentale de la question » (c'est-à-dire la question du sens de l'être) :

> C'est pourquoi une traduction ne consiste pas simplement à faciliter la communication avec le monde d'une autre langue, mais elle est en soi un défrichement de la question posée en commun[2].

Ce défrichement ne dépend nullement du « génie » d'un auteur, dans la mesure où la grandeur d'un penseur est directement fonction de la manière dont il sait répondre à ce qu'exige, à tel moment de l'histoire véritable, l'histoire de l'être, « la manière dont, au sein du destin de l'être, une langue parle »[3]. Lorsque Heidegger se confronte lui-même direc-

---

1. *Le Principe de raison*, trad. fr. A. Préau, Paris, Gallimard, 1962 ; *Der Satz vom Grund*, dans *Gesamtausgab*e, vol. 10, Frankfurt am Main, Klostermann, 1997, p. 145.

2. *Questions I*, trad. fr. H. Corbin, R. Munier, A. de Waelhens, W. Biemel, G. Granel, A. Préau, Paris, Gallimard, 1968, p. 11 (il s'agit du « Prologue », rédigé en 1937).

3. *Der Satz vom Grund*, *op. cit.*, p. 145. *Cf.*, également, « *Aus einem Gespräch von der Sprache* », dans *Unterwegs zur Sprache, Gesamtausgabe*,

tement à la tâche de traduire, dans son essai sur « La parole
d'Anaximandre », il oppose d'emblée la « littéralité » (celle
qu'il reproche aux traductions de Nietzsche et de Hermann
Diels) à un autre genre de fidélité :

> Tant qu'une traduction n'est que littérale, elle n'a pas encore
> besoin d'être fidèle. Elle n'est fidèle que lorsque ses mots sont
> des paroles qui parlent à partir du langage de la chose même [1].

Cinq ans plus tard, dans ses cours de 1951-1952 rassem-
blés sous le titre « Qu'appelle-t-on penser ? », Heidegger
reprend la question de la traduction en jouant sur la composition du terme allemand, *Über-setzung* (littéralement : trans-
position) : soit trans-position signifie, positivement, le mouvement par lequel la pensée présente « se traduit » elle-même
face à et à l'occasion de la pensée qu'elle traduit, soit, négativement, trans-position signifie un transfert qui accentue
l'oubli de l'être et masque une expérience originale, privant ce
qui est ainsi traduit de son moteur originaire. La critique de la
« littéralité » est, en fait, une critique de la philologie au sens
étroit, et, puisqu'il n'y a pas de « mot à mot » qui ne s'appuie
sur une minimale reconstruction du sens (et un préjugé massif
concernant la nature d'un texte), la « philologie » ainsi entendue est identifiée à une interprétation réduisant les textes aux
présupposés inconscients de la tradition non critiquée qui

---

vol. 12, Frankfurt am Main, Klostermann, 1985, p. 143 ; pour Heidegger, les
hommes parlent moins qu'ils ne répondent à ce par quoi ils sont interpellés ; par
conséquent, parler du langage, c'est inévitablement en faire un objet, alors qu'il
s'agit de correspondre à ce dont il nous parle.

1. « Der Spruch des Anaximander », dans *Holzwege, Gesamtausgabe*,
vol. 5, Frankfurt am Main, Klostermann, 1977, p. 322 (trad. fr. W. Brockmeier,
revue par F. Fédier, *Chemins qui ne mènent nulle part*, Paris, Gallimard, 1980,
p. 388).

les reçoit. De plus, Heidegger présuppose que la traduction, au sens éminent, la traduction « philosophique » et celle de certains poètes, a pour fonction de transmettre une « même » problématique, déclinée diversement aux cours de l'histoire et à travers différentes langues, différentes sphère culturelles, car il s'agit de « scruter d'un peu plus près ce qu'il en est de la chose qui, dans une traduction, doit être traduite, c'est-à-dire transportée d'une langue dans une autre. Or la chose ici en cause, c'est l'affaire de la pensée. En dépit de tout le soin apporté à la langue éclairée du point de vue philologique, nous devons d'abord, dans la traduction, penser à la chose même »[1]. Certes, la traduction de la philosophie incombe en priorité au philosophe ; mais le caractère originaire de la phrase d'Anaximandre tout comme son caractère fragmentaire (et sa transmission de type doxographique) relèvent d'une contingence historique qu'il est difficile de convertir d'emblée en « historialité », même si ce dont parle Anaximandre touche bien à une réflexion d'ordre ontologique. Heidegger soulève bien le dilemme herméneutique présent à l'horizon de toute traduction puisque « lorsque nous voulons entendre comme il faut ce que dit cette parole, qu'est-ce qui nous contraindra lorsque nous tenterons de la traduire ? Comment atteindre à ce que dit la parole en préservant cette traduction de l'arbitraire ? »[2]. Autrement dit, comment traduire de telle manière que… la traduction n'en soit plus une ? Ce que cherche à effacer Heidegger, c'est précisément la finitude et la contingence temporelles :

1. « Der Spruch des Anaximander », p. 323 (trad. fr., p. 389).
2. *Ibid.*, p. 328 (trad. fr., p. 395).

Si nous pensons à partir de l'eschatologie de l'être, il nous faut un jour attendre le jadis de l'aurore dans le futur de l'à-venir, et apprendre dès maintenant à méditer le jadis à partir de là [1].

Prise dans la perspective de l'historialité, la traduction évite alors sa propre condition de possibilité, à savoir la différence même : l'écart temporel, l'écart entre deux univers culturels, l'écart de toute langue par rapport à elle-même, de tout texte par rapport, justement, à son propre univers, l'écart de la pensée d'un auteur par rapport à sa langue où elle se forme en même temps qu'elle l'informe en retour, et par rapport au contexte où il intervient. Heidegger, parvenu à désigner le paradoxe de la traduction – traduire serait projeter sur l'original la compréhension qu'en a le traducteur si bien qu'il ne traduirait pas ce qu'il faut comprendre mais seulement ce qu'il comprend –, cherche à saturer l'enquête herméneutique, c'est-à-dire à sortir du « cercle » en s'appuyant sur deux présupposés implicites : d'une part, il existe des langues « historiales » qui seules sont en mesure de se parler en préservant « la pensée qui dit la dictée de l'être » – le grec et l'allemand ; d'autre part, comme il l'écrit, « il est nécessaire que notre pensée elle-même se traduise avant toute traduction devant ce qui est dit en grec » [2]. Le dialogue particulier entre les langues historiales se trouve donc perturbé par… les traductions qui ont, en latin notamment, contribué à renforcer l'oubli de l'être, car c'est seulement dans la pensée de l'être que « la langue advient à la parole » [3]. Traduire est alors identifié à l'effort pour résister à l'oubli de l'être et pour en retrouver le sens originel ; en ce sens éminent, la traduction n'est plus distincte de la pensée qui veut

---

1. « Der Spruch des Anaximander », p. 328 (trad. fr., p. 395).
2. *Ibid.*, p. 329 (trad. fr., p. 396) *et passim*.
3. *Ibid.*, p. 328 (trad. fr., p. 396).

penser l'être. Mais cela suppose acquis que l'original, pour autant qu'il a été désigné, par la pensée résistant elle-même à cet oubli, comme dépositaire d'une trace originelle du sens de l'être, ait lui aussi été animé par un similaire refus de l'oubli, et que sa langue comme celle qui lui redonne la parole se tiennent l'une et l'autre dans la proximité à une originalité tellement radicale qu'elle serait presque contemporaine de l'articulation initiale du temps et de l'être, donc, en-deçà de toute histoire. De ce point de vue, les auteurs sont mus par une pensée qui les dépasse et les a toujours déjà précédés [1], et leurs textes, pour autant qu'ils intéressent l'ontologie, ne sont que les dépositaires plus ou moins « fidèles » d'un sens qu'ils n'ont en aucun cas produit, mais seulement reçu et enregistré en dépit des perturbations et des masquages dus à l'histoire, ainsi qu'à leur contexte nécessairement désorienté quant à la « question de l'être » puisqu'il n'est pas encore éclairé par la première position radicale de cette dernière... par Heidegger lui-même.

On pourrait alors inverser, en apparence, complètement la perspective et envisager que les traductions joueraient un rôle tout aussi éminent, mais en fonction d'une réconciliation à venir des langues. C'est ce qu'envisage Benjamin dans son texte, désormais célèbre, « La Tâche du traducteur » :

> Dans les langues prises une à une et donc incomplètes, ce qu'elles visent ne peut jamais être atteint de façon relativement autonome, comme dans les mots ou les phrases pris séparé-

---

1. Cf. *Qu'appelle-t-on penser ?*, *op. cit.*, p. 175 : « [...] nul penseur, de même que nul poète, ne se comprend lui-même », ce qui invalide d'emblée toute lecture immanente. *Cf.*, également, *Aus einem Gespräch von der Sprache...*, *op. cit.*, p. 118 : « [...] le langage est plus puissant et, donc, plus important que nous » ; et ce langage est défini comme étant « la maison de l'être » (*ibid.*, p. 85).

ment, mais est soumis à une mutation constante jusqu'à ce qu'il soit en état de ressortir, comme langage pur, de l'harmonie de tous ces modes de visée. Jusqu'alors il reste dissimulé dans les langues. Mais lorsqu'elles croissent de la sorte jusqu'au terme messianique de leur histoire, c'est à la traduction [...] qu'il appartient de mettre toujours derechef à l'épreuve cette sainte croissance des langues, pour savoir à quelle distance de la révélation se tient ce qu'elles dissimulent, combien il peut devenir présent dans le savoir de cette distance [1].

Benjamin définit ainsi la « parenté » historique des langues en soulignant qu'en « chacune d'elles, prise comme un tout, une seule et même chose est visée » ; aucune langue ne peut d'elle-même atteindre ce terme « messianique », transhistorique donc, et qu'il appelle le « pur langage ». En dépit de toutes les différences qui caractérisent les langues en les spécifiant, c'est-à-dire en dépit de ce qui justifie la traduction au sens traditionnel, « les langues se complètent dans leurs intentions », et c'est cette complétion qui, à terme, dégagera le « référent » de sa fragmentation actuelle. La traduction, au sens traditionnel, s'illusionne, en quelque sorte, quand elle prétend rendre accessible un texte à des lecteurs « qui ne comprennent pas l'original ». En effet, au sens éminent voulu par Benjamin, la traduction doit avoir pour dessein de libérer de son « aliénation » langagière le référent tel qu'il est visé par telle ou telle langue, pour le placer sous l'éclairage d'une réconciliation finale, messianique :

> [...] toute traduction est une manière pour ainsi dire provisoire de se mesurer à ce qui rend les langues étrangères l'une à l'autre. [...] Mais de manière médiate, c'est la croissance des religions qui, dans les langues, fait mûrir la semence cachée

1. *Œuvres* I, *op. cit.*, p. 251.

d'un langage supérieur. Ainsi la traduction, encore qu'elle ne puisse prétendre à la durée de ses ouvrages […], ne renonce pas pour autant à s'orienter vers un stade ultime, définitif et décisif, de toute construction verbale. En elle, l'original croît et s'élève dans une atmosphère, pour ainsi dire plus haute et plus pure, du langage, où certes il ne peut vivre durablement […], vers laquelle cependant, avec une pénétration qui tient du miracle, il fait au moins un signe, indiquant le lieu promis et interdit où les langues se réconcilieront et s'accompliront [1].

Dans la traduction ainsi entendue, le rapport à l'original reste sans doute historique, mais le langage de la traduction renvoie à « un langage supérieur » qui, lui, échappe au règne de l'histoire compris comme aliénation du sens réconcilié, obstacle à l'unité des visées d'un même référent. Il n'est pas étonnant que cette conception qui veut, elle aussi, donner à la traduction une dignité éminente, privilégie le mot par rapport à la phrase, et une littéralité qui « montre que le mot, non la phrase, est l'élément originaire du traducteur » ; en effet, si « la phrase est le mur devant la langue de l'original, la littéralité est l'arcade » [2]. Ce statut particulier accordé au mot va de pair avec la présupposition que le sens s'est déposé dans les mots, avant tout usage qu'en ferait la syntaxe, et que ces derniers sont comme les échos estompés ou déformés de ce « pur langage » peu à peu dévoyé dans les langues. « La Tâche du traducteur »,

1. *Œuvres* I, *op. cit.*, p. 252.

2. *Ibid.*, p. 257. *Cf.*, également, Heidegger, *Die Geschichte des Seyns*, dans *Gesamtausgabe* vol. 69, Frankfurt am Main, Klostermann, 1998, p. 153 : « Le langage n'a plus rien de l'essence du mot, même sa non-essence elle est sur le point de la perdre. Et elle ne la récupérera pas non plus grâce au "soin" apporté au langage. Car même ainsi, son origine à partir du mot est ensevelie, et de manière tout à fait définitive. Le mot est éclaircie du silence de l'être ». Dans *Unterwegs zur Sprache*, *op. cit.*, p. 16, Heidegger indique clairement que « le langage, dans son essence, ni expression ni opération humaine ».

on le sait, était la préface aux traductions par Benjamin des *Tableaux parisiens* de Baudelaire, traductions où il serait impossible de retrouver à l'œuvre ce que leur préfacier exigeait que fît le traducteur[1]. Publié en 1923, ce texte n'est pas intelligible sans avoir présent à l'esprit le petit essai écrit sept ans auparavant, « Sur le langage en général et sur le langage humain », dont le titre est déjà une indication sur cette conception du langage qui commande et la préface aux traductions de Baudelaire et la « thèse » sur le drame baroque allemand (dans l'épigraphe, Benjamin indique que cet ouvrage a été « conçu en 1916 » – soit la même année que l'essai « Sur le langage en général… » – et « composé en 1925 »).

Dans l'essai de 1916, Benjamin entend par « langage » la communication *par la nature inanimée comme par la nature animée* de leur « contenu spirituel ». De sorte qu'il y a différents « ordres » de langage et qu'une langue n'est pas « l'expression de ce que *par* elle nous croyons pouvoir exprimer, mais l'expression immédiate de ce qui en elle *se* communique. Ce "se" est une essence spirituelle »[2]. L'essence spirituelle est bien distincte de son essence linguistique, mais c'est bien le langage qui communique ce qui de l'essence spirituelle est « immédiatement contenu dans l'essence linguistique ». Si l'on applique aux hommes cette conception, elle a pour conséquence que « l'homme communique sa propre essence spirituelle *dans* son langage » et non par son langage puisque « rien ne se communique *par* le langage »). Et c'est en nommant les choses que les hommes communiquent leur propre essence. D'où l'importance capitale accordée aux noms et la distinction

---

1. Il est tout à fait intéressant de comparer la manière dont S. George avait traduit *Les Fleurs du mal* en 1891.

2. Cf. *Œuvres* I, *op. cit.*, p. 143.

faite par Benjamin entre la conception « bourgeoise » selon laquelle on communique quelque chose à d'autres hommes par le biais de mots qui servent à désigner une chose, et l'autre conception, la sienne, qui ne « connaît ni moyen, ni objet, ni destinataire de la communication », et qui affirme que « dans le nom, l'essence spirituelle de l'homme se communique à Dieu »[1].

Le statut des « noms » acquiert une dignité supérieure dans la conception de la vérité exposée au début de son avant-propos à son étude sur le drame baroque allemand. Tandis que la connaissance et ses concepts procèdent de l'activité de l'entendement et ne parviennent qu'à une unité médiate résultant de connexions toutes régies par la prise de possession des objets, la vérité, « unité de l'être et non du concept »[2], réalise immédiatement l'unité de la connaissance, et les « idées » sont « données à la contemplation » à titre de « donné préalable ». Ces idées sont des « constellations éternelles »[3], ce qui a pour conséquence que les « indications les plus générales du langage » ne sont pas ce qu'on serait traditionnellement tenté de comprendre comme des concepts, mais bien les idées. Il est donc erroné, du point de vue de Benjamin, de croire qu'on viserait les choses par le biais d'une intentionnalité cherchant, à travers les phénomènes, à en reconstituer l'essence exprimée sous la forme de concepts, car « la vérité n'entre jamais dans aucune relation, et surtout pas dans une relation d'intentionnalité ». Dès qu'il est déterminé par ce qui vise un concept,

1. *Œuvres* I, *op. cit.*, p. 146-147.
2. *Origine du drame baroque allemand*, (trad. fr. S. Muller et A. Hirt), Paris, Flammarion, 1985, p. 26.
3. *Ibid.*, p. 31.

l'objet de la connaissance passe à côté de la vérité et ne saurait lui être identifié :

> La vérité ne consiste pas dans une visée qui trouverait sa détermination à travers la réalité empirique, mais dans un pouvoir qui donnerait d'abord sa forme caractéristique à l'essence de cette réalité. L'être détache de toute phénoménalité qui seul a ce pouvoir en propre, c'est celui du nom. C'est lui qui détermine le caractère de donnée des idées [1].

Les mots ont ainsi un « sens profane » qui ressortit à leur usage empirique, nécessairement dégradé [2], et un « aspect plus ou moins caché », que Benjamin nomme « symbolique » et qu'il assigne pour tâche au philosophe de « rétablir dans sa primauté ». Ce caractère symbolique où l'idée « se rend intelligible à elle-même » est « à l'opposé de toute espèce de communication tournée vers l'extérieur » [3]. La manière dont Benjamin conçoit l'origine n'est pas celle de Heidegger, et ce n'est pas l'être identifié au néant sur l'horizon de la temporalité, mais la « dénomination adamique », c'est-à-dire un « état paradisiaque où il n'était pas besoin de se battre avec la valeur de communication des mots ».

À l'arrière-plan de cette conception du langage adamique, se tient tout de même – et c'est presque toujours le cas – l'interprétation… d'un texte, celui de *Genèse* II, 20-21 (cette interprétation se présente de la manière la plus dogmatique et procède de manière affirmative, sans du tout tenir compte de la lettre de l'original). Or il est difficile de ne pas remarquer tout

---

1. *Origine du drame baroque allemand*, *op. cit.*, p. 33.
2. Cf., *ibid.*, p. 40 : « Car ce même mot, qui en tant qu'idée a le caractère d'une essence, se dévalorise dans le concept, auquel le signe peut bien correspondre ».
3. *Ibid.*

d'abord que ce n'est pas Dieu qui crée le langage, mais qu'il laisse à Adam seul le soin de nommer les animaux. Et ce dernier est interrompu dans sa tâche, précisément parce qu'il ne rencontre aucun interlocuteur. Le type de « langage » dont fait usage Adam peut alors être compris comme un lexique, un code, dont les référents sont des réalités visibles, des êtres animés présents dans la réalité empirique. Mais un tel code, un tel système de signes, s'il témoigne de la différence spécifique qui sépare Adam du reste du monde animal, n'est pas encore un langage. Le premier nom propre véritable n'apparaît qu'une fois Ève créée, et c'est elle qui fait l'objet du premier acte véritable de nomination (au verset 23). L'origine du langage n'est rien qui puisse être affirmé divin[1], mais, au contraire, un acte très humain d'objectivation de soi au sein d'une relation d'abord langagière, obéissant elle-même à la différence sexuelle (Adam et Ève portent chacun un nom, respectivement *ich* et *icha*, qui tient compte de cette différence). Le langage est donc rebelle à toute visée d'unité originaire, tout comme la différence sexuelle prise dans l'horizon du langage partagé commande, dans le texte de *Genèse* II, 24, l'exogamie – quitter son père et sa mère –, pour réaliser une « union » relative qui débouchera sur l'histoire humaine : cette union relative, médiatisée par le langage, a pour finalité l'autre objectivation de soi, l'autre différence : les enfants.

Il n'est pas étonnant de retrouver dans cet avant-propos, « conçu en 1916 », un écho direct de l'essai « Sur le langage en

---

1. De même la différenciation des langues a lieu en *Genèse* X, 31, avant ce qu'on appelle l'épisode de Babel (*Genèse* XI, 1-9, où ce qui est rendu « confus » par Dieu, c'est, non pas le langage en général ni les langues, mais *une* langue, celle que voulaient parler ceux qui, en construisant la cité et la tour, prétendaient échapper à cette différenciation).

général...» où Benjamin interprétait de la même manière *Genèse* II :

> La création divine s'achève lorsque les choses reçoivent leur nom de l'homme, cet homme à partir duquel seulement, dans le nom, le langage parle. On peut définir le nom comme le langage du langage [...] et, en ce sens, en effet, parce qu'il parle dans le nom, l'homme est le locuteur du langage [1].

En 1916, Benjamin reconnaît sa dette à l'égard de la scolastique (il s'agit surtout du courant «réaliste») dont il emprunte l'idée qu'il n'y a que des différences de degré entre les différents ordres selon lesquels se répartissent «essence spirituelle» et «essence linguistique» [2]. La traduction, dans cette perspective n'est plus que le «passage d'un langage dans un autre», du langage des choses à celui de l'homme par exemple, «par une série de métamorphoses continues» (et non selon une *histoire* discontinue à travers des moyens différents, en fonction de mobiles et de finalités relatifs à des contextes); «l'objectivité de cette traduction» étant «garantie en Dieu» : en passant du langage des choses au langage humain, on s'élève vers un langage plus parfait, le langage absolument parfait étant le langage divin, le verbe créateur.

Mais comme n'importe quel lecteur de la Bible peut s'en assurer, la Création ne s'achève pas sur la dénomination des choses, mais bien avec la création d'Ève, l'interlocutrice.

---

1. Cf. *Œuvres* I, *op. cit.*, p. 156.
2. Cf. *Œuvres* I, *op. cit.*, p. 150, et *Origine du drame baroque allemand*, *op. cit.*, p. 37.

CONCLUSION

On peut donc caractériser les manières de traduire en fonction de la conception qu'on se fait des sources du sens. Trois modalités apparaissent : soit l'origine du sens est considérée comme extérieure au texte, peu importe que le sens soit jugé radicalement antérieur ou postérieur, ou radicalement autre que textuel ; soit le sens résulte d'une rencontre ponctuelle et transitoire entre auteur et texte, traducteur et original, il s'estompe comme il s'est esquissé, à jamais fugitif et toujours relatif ; soit il résulte essentiellement des textes, c'est-à-dire d'un processus complexe où se mêlent les décisions de l'auteur pris au sein d'une tradition que lui-même ne reçoit pas de manière passive comme un destin, et qu'il cherche à conforter ou à infléchir en anticipant sur les effets produits par ce qu'il écrit. Ces trois modalités correspondent à trois conception du temps historique. Pour la première, c'est, comme on vient de le voir, celle que partagent Heidegger et Benjamin, le sens est déjà donné, et c'est son origine qui va commander un cours de l'histoire qui n'en sera que le développement (il en va de même pour la conception qui voit le sens résulter d'une fin de l'histoire ou d'une eschatologie, voire d'un horizon ou d'une « catastrophe » messianique) ; de ce point de vue, la traduction a le rôle éminent de retrouver dans tous les textes les traces d'un même sens pérenne que tous seraient censés exprimer imparfaitement, et auquel tous, en fin de compte renvoient. L'histoire, qui d'ailleurs n'en est plus une, de la pensée est ponctuée de grandes traductions qui marquent les étapes successives d'un déclin, d'un oubli du sens originel, ou d'une « montée » vers ce dernier. Pour énoncer cette conception, il est nécessaire de se placer dans une posture singulière d'énonciation où l'on s'investit soi-même d'une autorité qui, seule, permet d'affirmer sans contradiction qu'on sait ce qu'il en est du sens originaire tout en se situant fort loin temporellement de cette origine, c'est-à-dire tout en étant plongé dans un univers caractérisé par la défiguration de ce sens. La seconde modalité, sceptique, historiciste et relativiste n'a pas plus d'ambition que de se contenter d'effets ponctuels de sens, et la signification surgit de telle ou telle rencontre entre un texte et son auteur, puis son traducteur; l'événementiel strict prend le pas sur les tendances, tout doit se rejouer constamment, aucune orientation ne se dessine dans le chatoiement des individualités douées qui traduisent en reconstruisant ce qu'elles veulent bien apercevoir dans des textes qui ne s'imposent pas plus à elles qu'à leur époque, mais s'offrent à leur bon plaisir ou à leurs besoins économiques de l'heure. Le sens n'est ni extérieur ni intérieur, il est un des effets d'une convergence improvisée, il surgit de l'instant puisqu'aucune interprétation n'est préalable au processus de la traduction. La troisième accorde la priorité aux textes, aux œuvres qu'elle reconnaît comme les vraies matrices du sens produit d'abord par des moyens strictement textuels et littéraires; les auteurs, cependant, restent pris dans une tradition et une langue, dont ils ont un savoir même s'il reste limité, et par rapport auxquelles ils cherchent à se situer en réalisant dans leur présent une articulation complexe entre les expériences que leur fournit l'histoire et les attentes par lesquelles ils cherchent à anticiper l'avenir. La traduction, elle aussi, se conçoit comme située historiquement dans un présent qui se cherche un passé en fonction de l'avenir qu'il se souhaite; elle est ainsi consciemment historique et sait limité le sens qu'elle restitue. Elle se fonde sur une interprétation de ce que furent historiquement les écarts produits par les textes qu'elle traduit, et c'est ce qu'elle cherche à rendre sans s'illusionner sur le décalage historique ou culturel. Elle s'interdit tout point de vue surplombant la totalité de l'histoire, tout point de vue qui refuserait un avenir au sens, mais elle admet que, en dépit de leur éloignement dans l'histoire ou leur distance culturelle, en dépit du caractère historique du sens produit par ces textes, ils peuvent délivrer au présent le sens d'expériences qui, parce qu'elle se répètent, et même si c'est selon des formes très différentes, ne cesseront pas si vite de nous instruire en quelque manière, et ne serait-ce qu'en nous révélant quels types d'instruments textuels ils ont mobilisés pour se forger. La condition de possibilité de la traduction réside dans ce que Pierre Judet de La Combe appelle une « historicité double » : celle du sens produit par un texte, pris dans sa tradition, et celle du sens au sein du texte qui l'élabore [1]. Cette double singularité est gage de sa transmission, en même temps qu'elle voue par principe toute traduction à être reprise et refaite, récrite, sur la base d'une réinterprétation – non pas sur le mode d'une roue d'Ixion, c'est-à-dire d'un châtiment que lui vaudrait cette finitude, mais à titre d'éventualité puisqu'il est actuellement impossible de prévoir quelle type d'articulation entre passé et avenir réalisera tel présent futur.

La double « singularité » qu'on vient d'évoquer fait écho au double mouvement de négation déterminée qu'on peut observer, plus nettement sans doute qu'à l'occasion des autres « genres » textuels, dans toute œuvre poétique (négation du sémiotique tendanciellement transformé en sémantique, négation du sémantique converti asymptotiquement en sémiotique)

---

1. *Cf.* « Théâtre, syntaxe et traduction », dans P. Charvet (éd.), *Enseigner le théâtre à l'école*, Paris, Direction de l'Enseignement scolaire et du Ministère de l'Éducation nationale, 2006.

est bien celui qui est à l'œuvre dans ce qu'on appelle le style [1]. C'est-à-dire la sédimentation du temps dans un texte, et cette dualité couplée est néanmoins présente dans le discours philosophique qui travaille toute langue puisqu'il impose un mouvement de reprise du langage courant peu à peu investi, au fur et à mesure que se constitue une terminologie, d'une fonction systématique – l'horizon terminologique ne coïncidant avec celui du système que dans la perspective utopique et leibnizienne d'une langue entièrement déterminée. En réalité, les discours s'en tiennent à un inachèvement qui est en fait inversement proportionnel à leur vertu inventive et créatrice. Qu'il s'agisse de littérature ou de philosophie, plus la fonction stylistique est activement sollicitée, moins le discours est achevé, ne serait-ce que parce qu'il confine toujours aux limites d'une langue en la faisant travailler bien au-delà de l'ordinaire conventionnel, et qu'il privilégie la syntaxe par rapport aux mots, à la terminologie. « La tâche qui incombe à un traitement philosophique des termes philosophiques ne peut à vrai dire être autre chose que de réveiller la vie qui s'est évanouie dans les mots », écrit Adorno dans son cours sur la *Terminologie philosophique* [2] en indiquant que cette démarche est bien un travail de la philosophie sur et contre elle-même :

> Toute philosophie recèle une part dogmatique ; ce sont les reliquats qui s'opposent à la dynamique de son propre mouvement en constituant par rapport à elle une extériorité figée, comme une part qui lui serait échue et qu'elle accepterait passivement [...] toute l'histoire de la philosophie consiste à se

1. *Cf.* le commentaire du texte de Schleiermacher.
2. *Philosophische Terminologie*, Frankfurt am Main, Suhrkamp, 1962, t. I, p. 18.

débarrasser sans pouvoir tout à fait y parvenir de cet aspect dogmatique[1].

C'est la philologie qui permet de déterminer ce qu'il y a d'«original» dans le texte à traduire : c'est donc elle qui circonscrit ce qui devra être traduit, et la traduction devra, autant que faire se pourra, soumettre sa récriture à cette interprétation rectrice :

> On ne peut faire abstraction de l'histoire en postulant un sens préalable qui ne serait que secondairement, comme de surcroît et non pas primordialement, marqué par les contingences de sa constitution […] Le texte est trois fois historique, par la culture à laquelle il se rattache, par l'horizon concret et identifiable dans lequel il s'est inscrit, et ensuite par la somme des différences qui le distingue[2].

La philologie se «persuade qu'il n'est pas impossible […] de reproduire analytiquement le mouvement spécifique […] qui a permis avec la langue de nouer à neuf le réseau des fixations sémantiques»[3]. La récriture, pour sa part, est vouée à n'être qu'une tentative, et jamais l'illusion d'une «méthode» ne la dispense des efforts exigés de chacun des traducteurs qui se succèderont à la tâche. Inscrite essentiellement dans une temporalité qui n'est plus celle de l'innovation, mais davantage celle de la reconstruction, la récriture, lorsqu'elle parvient à transmettre au mieux l'interprétation qui la commande, permet d'arracher l'original à une sédimentation trop muséale et projette sur lui un autre éclairage en l'installant aussi dans un environnement dont elle relativise alors l'identité, dont elle écarte la menace, toujours présente, d'une autochtonie falla-

1. *Philosophische Terminologie*, t. II, p. 45.
2. J. Bollack, *Sens contre sens. Comment lit-on ?*, *op. cit.*, p. 98.
3. *Ibid.*, p. 23.

cieuse – les néologismes, les variations sémantiques imposées au lexique ne sont qu'une très mince partie de ses apports au regard des combinaisons syntaxiques renouvelées qui font tout son prix en offrant véritablement des usages inédits. Qu'il s'agisse de philosophie, de littérature ou de théâtre, voire, parfois, de poésie, la traduction réintroduit de l'histoire contre les tentations du « musée », réactive ou accélère la dynamique temporelle latente dans toute langue, contribue enfin à relancer l'innovation en restituant ce qu'elle fut à l'origine des textes qu'elle transmet.

TEXTES ET COMMENTAIRES

TEXTE 1

WILHELM VON HUMBOLDT
Introduction à l'*Agamemnon* d'Eschyle
Gesammelte Schriften, t. VIII, p. 129-133 *

[…] En raison de sa nature spécifique et dans un sens
encore bien différent de ce qui se dit en général de toutes les
œuvres d'une grande originalité, ce poème[1] est intraduisible.
On a déjà très souvent remarqué – la recherche comme l'expérience le confirment – que, abstraction faite des expressions
désignant des objets purement corporels, aucun mot d'une
langue n'est l'exact équivalent d'un mot d'une autre langue.
Dans cette perspective, des langues différentes sont comme
autant de synonymes; chacune exprime la notion de manière
quelque peu différente, avec telle ou telle connotation, à un
degré supérieur ou inférieur sur l'échelle des perceptions. On
n'a jamais entrepris d'établir une telle synonymique des

---

* Ed. Leitzmann, 17 vol., Berlin, Behr, 1903-1936. Humboldt a écrit cette
introduction à sa traduction de l'*Agamemnon* d'Eschyle en 1816.
1. Il s'agit donc de la tragédie d'Eschyle.

langues les plus importantes, même limitée au grec, au latin et
à l'allemand (ce dont on serait très reconnaissant), bien qu'on
en trouve quelques fragments chez nombre d'écrivains ;
pourtant, réalisée avec une grande application d'esprit, elle ne
pourrait manquer d'être un ouvrage des plus attrayants. Un
mot est si peu le signe d'une notion que cette dernière ne peut
même pas surgir sans lui, sans parler d'être établie ; l'effi-
cience indéterminée de la capacité de penser se ramasse en un
mot comme se forment de légers nuages dans un ciel pur. C'est
alors un être individuel, dont la nature et la structure sont déter-
minées, dont la force agit sur le psychisme, non sans capacité
de se propager. Si l'on voulait se représenter la genèse d'un
mot comme l'engendrement humain (ce qui est impossible
tout simplement parce que son énonciation présuppose également la certitude d'être compris, et que le langage en général
ne peut être pensé que comme le produit d'une action réciproque et simultanée où aucun des deux acteurs n'est en mesure
d'aider l'autre, tandis que chacun doit assumer son propre
travail en même temps que celui de tous), elle ressemblerait à
la naissance d'une figure idéale dans l'imagination de l'artiste.
Cette dernière ne peut, elle non plus, être empruntée à quelque
chose d'effectivement réel ; elle doit son origine à une pure
énergie de l'esprit, et, au sens le plus littéral, elle surgit à partir
de rien ; mais dès cet instant, elle fait son apparition dans la vie,
et elle est désormais effective et durable. Quel homme, même
abstraction faite de la production artistique et géniale, ne s'est
pas, souvent dès sa prime jeunesse, forgé des configurations
imaginaires avec lesquelles il vit depuis en leur accordant
souvent plus de confiance qu'aux structures de la réalité ? Par
conséquent, comment un mot, dont la signification n'est pas
immédiatement donnée par les sens, pourrait-il jamais être
parfaitement équivalent à un mot d'une autre langue ? Il doit

nécessairement offrir certaines différences, et si l'on compare
de manière rigoureuse les traductions les meilleures, les plus
soignées et les plus fidèles, on s'étonne d'y constater tant de
diversité alors qu'on cherchait à obtenir simplement une équivalence et une homogénéité. On peut même affirmer qu'une
traduction est d'autant plus divergente qu'elle aspire laborieuse-
ment à la fidélité. Car elle cherche d'emblée à imiter même
certaines singularités ténues, évite ce qui est simplement
général, et ne peut jamais qu'offrir, en regard de chaque singularité, une singularité différente. Cela ne doit pourtant pas nous
faire redouter de traduire. La traduction, et précisément celle
des poètes, est au contraire l'une des tâches les plus nécessaires dans une littérature, pour une part afin de procurer, à
ceux qui ne connaissent pas la langue, des formes d'art et
d'humanité qui sans cela leur resteraient tout à fait inconnues
– ce qui est toujours très profitable à chaque nation –, pour une
autre part aussi, et surtout, afin d'élargir l'importance et la
capacité expressive de leur propre langue. Car c'est bien
une propriété merveilleuse des langues que toutes suffisent
d'abord à l'usage courant de la vie, avant de pouvoir être éle-
vées sans limite, par l'esprit des nations dont chacune façonne
la sienne, jusqu'à une utilisation supérieure et toujours plus
diversifiée. On peut affirmer sans trop de risque qu'en
chacune, y compris dans les parlers de peuples très frustes
– que nous ne connaissons simplement pas assez (ce qui ne
signifie absolument pas qu'une langue ne serait pas, à l'origine, meilleure qu'une autre ni que certaines autres ne seraient
pas à jamais inaccessibles) – tout peut être exprimé, ce qu'il y a
de plus élevé comme ce qui est le plus profond, ce qu'il y a de
plus vigoureux comme ce qui est le plus délicat. Mais ces sons
sommeillent, comme dans un instrument dont personne ne
joue, jusqu'à ce que telle nation sache les tirer de leur latence.

Toutes les formes linguistiques sont des symboles ; ce ne sont ni les choses mêmes ni des signes convenus, mais des phonèmes qui, avec les choses et les concepts qu'ils représentent, entretiennent, grâce à l'esprit où ils ont surgi et ne cessent de se forger, un rapport effectif et, pour ainsi dire, mystique ; ces phonèmes contiennent les objets de la réalité en quelque sorte réduits à des idées, et peuvent, sans qu'on puisse leur fixer de limite, les modifier, les déterminer, les distinguer et les relier. À ces symboles, on peut attribuer un sens plus élevé, plus profond, plus nuancé, pour cette seule raison qu'on les pense, énonce, reçoit et restitue en ce sens-là ; et c'est ainsi que la langue, sans altération véritablement perceptible, s'élève vers un sens supérieur, s'étend vers un sens offrant plus de variété. L'extension du sens de la langue est proportionnelle à celle du sens de la nation. À quel point la langue allemande, pour ne donner que cet exemple, ne s'est-elle pas enrichie depuis qu'elle imite la prosodie grecque, et combien nombreuses les choses qui se sont développées dans la nation, non pas exclusivement dans sa partie savante, mais dans sa masse, jusqu'aux femmes et aux enfants, du fait que les Grecs, sous une forme authentique et non travestie, sont effectivement lus par toute la nation. On ne peut dire quel mérite se sont acquis vis-à-vis de la nation allemande la première adaptation réussie par Klopstock de la prosodie antique[1], et plus encore Voss, dont on peut affirmer qu'il a introduit l'Antiquité classique dans la langue allemande[2]. On peut à peine imaginer influence plus puissante et plus bénéfique sur la culture nationale à une époque déjà très

---

1. *La Messiade (1750-1773)* est une tentative de réformer le vers allemand en s'inspirant de la métrique antique, de même ses premières *Odes (Le Disciple des Grecs)*.

2. C'est le traducteur de l'*Iliade* et de l'*Odyssée*.

cultivée, et c'est à lui seul qu'on la doit. Car il a accompli ce que seule permettait son opiniâtreté alliée au talent : travailler sans relâche le même objet, trouver la forme arrêtée, bien qu'ouverte à d'autres améliorations, dans laquelle seule désormais, tant que l'on parlera allemand, on pourra y restituer les Anciens. Celui qui crée une forme vraie assure à son travail une durée, alors que, sans cette forme, même l'œuvre la plus géniale, si elle reste un phénomène isolé, demeure sans effets dans la poursuite de cette même voie. Mais si la traduction doit permettre à la langue et à l'esprit de la nation de s'approprier ce qu'ils ne possèdent pas ou, du moins, possèdent sur un autre mode, la première exigence est simplement la fidélité. Cette fidélité doit viser la véritable nature de l'original et non pas, en le négligeant, ses aspects contingents ; de même qu'en général toute bonne traduction doit partir d'un amour simple et sans prétention pour l'original, de l'étude qui en découle et y ramènera. Cette conception va de pair, à vrai dire, avec ceci que la traduction comporte une certaine coloration d'étrangeté, mais la limite à partir de laquelle cette coloration se mue en un défaut indéniable est ici très facile à fixer. Tant que l'on ne ressent pas l'étrangeté, mais l'étranger, la traduction est parvenue à son but suprême ; mais là où l'étrangeté apparaît comme telle et obscurcit peut-être même l'étranger, le traducteur révèle qu'il n'est pas à la hauteur de son original. La véritable ligne de partage échappe alors rarement au sentiment du lecteur impartial. Si l'on va encore plus loin dans l'effroi répulsif face à l'inhabituel et que l'on veut aussi éviter l'étranger – de même qu'on entend dire par ailleurs que le traducteur aurait dû écrire comme l'auteur eût écrit dans la langue du traducteur (une idée formulée sans que l'on ait réfléchi au fait que, lorsque l'on ne parle pas simplement de sciences et de faits, aucun écrivain n'eût écrit la même chose ni de la même manière dans une autre langue) –, on ruine toute traduction avec tous ses bénéfices pour la langue et la nation. En effet, tandis que tous les Grecs et les Romains sont traduits en français, et certains très excellemment à la manière que j'ai dite, d'où viendrait que, cependant, pas la moindre parcelle de l'esprit antique ne soit passée avec leurs textes dans la nation ni même que la compréhension nationale de ce pays (car il n'est pas question ici de quelques savants) en ait tiré le plus infime profit?

[…] Car, plutôt que des œuvres durables, les traductions sont des travaux qui, à un moment donné, sont censés tester et définir, comme s'ils disposaient d'un critère stable, l'état de la langue, et l'influencer; les traductions doivent nécessairement être sans cesse reprises sur nouveaux frais. Même cette part de la nation qui ne peut directement lire les Anciens apprend mieux à les connaître à travers une pluralité de traductions que par le biais d'une seule. Ce sont autant d'images d'un même esprit; car chaque esprit restitue celui qu'il a saisi et qu'il était en mesure d'exposer; l'esprit véritable gît uniquement dans l'original.

COMMENTAIRE

Ce texte est l'avant-propos d'un traducteur qui travailla quinze ans avant d'achever sa version de l'*Agamemnon* (1800-1815), et qui, loin de se faire l'apologète de son travail, commence par le dire impossible. Mais l'intraduisible qu'évoque Humboldt renvoie, en fait, à la singularité inégalable de l'original qui ne pourra jamais resurgir à l'identique dans l'histoire de la culture; « cela ne doit pourtant pas nous dissuader de traduire », ajoute aussitôt le traducteur d'Eschyle, car, outre les avantages immédiats que cette activité procure à un public sans cesse plus large, elle stimule et accroît la « capacité d'expression » d'une langue, ainsi que son aptitude à produire des significations. Il n'est pas de langue, pas même les vernaculaires, qui ne soit en mesure de tout exprimer, mais cette capacité latente est une sorte de virtualité permanente et ne passe à l'effectif qu'à condition d'entrer en contact avec d'autres systèmes, donc de se trouver « objectivée » par la traduction. Est-ce donc à une sorte de paradoxe, familier en matière de discours sur la traduction, que nous convie d'emblée Humboldt : l'original est intraduisible, traduisons-le ! En fait, il ne s'agit pas d'une impasse, mais d'un constat : de même que le travail ralentit la satisfaction immédiate au profit d'une médiation qui, pour différer cette satisfaction, n'en promet pas moins d'autres, plus assurées, tout en faisant porter une part croissante des efforts consentis au perfectionnement de cette médiation, de même le langage introduit une autre temporalité entre l'afflux indistinct, massif des sensations et leur perception, diffère cette dernière, et permet que l'imagination opère une première synthèse tout en lui ouvrant le champ des raffinements permanents du retour réflexif. Le langage est donc bien autre chose qu'un instrument dont on pourrait faire un usage réglé sur notre gré ; c'est le cadre même où se forment nos représentations, à ceci près que ce cadre n'est qu'un universel purement formel : ces représentations ne se forment d'abord que dans *une* langue qui préjuge de leur découpe même si ces dernières informent à leur tour ce qui les rend possibles :

> La traduction ne peut être « adéquate » parce que « la chose » ne se présente que dans l'une ou l'autre langue, voire dans l'une ou l'autre « version » de différents locuteurs de la « même » langue. Elle ne se présente pas elle-même en tant que *tertium comparationis*. On ne peut même pas présupposer que toutes les langues soient équipées de même façon pour représenter des « choses » ou des « états de chose ». […] L'idée d'un accord avec tous – non pas dans la représentation d'une chose car le critère en serait auto-contradictoire –, mais dans sa présentation par des signes, demeure par conséquent une « idée régulatrice »[1].

Les langues sont des « individualités » historiques (des « institutions ») qui s'excluent, en raison de leurs différences et

---

1. J. Simon, « S'entendre sur la chose », dans *Signe et interprétation*, trad. fr. D. Thouard, Lille, Presses universitaires du Septentrion, 2004, p. 119 et p. 128.

de leurs spécificités, et ne s'additionnent pas, en fonction d'un progrès de la transparence, pour converger vers un accord final. Comme chez Kant, l'humanité n'a d'autre but que l'humanité même, c'est-à-dire la réalisation de la synthèse la plus riche d'une dualité présente dans la « culture » : synthèse entre ce qui relève du talent et du don, et ce qui relève de la formation et de l'éducation. Le langage, c'est-à-dire les langues sont le milieu et la limite au sein desquels l'individu opère cette synthèse entre ses élans créateurs et ses inerties léguées par sa formation. Il est par conséquent inconcevable de retrouver à un quelconque autre moment de l'histoire un nouvel Eschyle récrivant son *Agamemnon*; mais il est tout aussi inconcevable, dès lors qu'on est situé dans la tradition où cette œuvre est transmise, de refuser de la recevoir (ce serait aussi vain que de vouloir nier une causalité naturelle). La traduire n'est pas nourrir l'absurde espoir de faire parler Eschyle en allemand, mais celui de comprendre ce qu'a voulu faire l'auteur dans son propre contexte afin d'obliger l'allemand à rendre effectives certaines des virtualités spécifiques qui se manifesteront à l'occasion d'une confrontation avec le grec d'Eschyle, et qui produiront leurs effets dans une autre perspective, propre à l'histoire de cette langue au tournant du XVIIIe et du XIXe siècle.

De l'hypothèse que chaque langue peut, à titre de virtualité, tout exprimer – « toutes langues sont d'une mesme valeur et des mortels à une mesme fin d'un mesme jugement formées »[1] – on peut cependant tirer des conclusions inverses quant à la traduction, comme l'avait fait du Bellay en arguant du fait que « chaque langue a je ne scay quoi propre seulement

---

1. J. du Bellay, *Défense et illustration de la langue francoyse*, 1549, Livre I, chap. X.

à elle », si bien que la traduction « n'est suffisante pour donner à la nôtre cette perfection », et que les traducteurs ne nous apprendront pas l'essentiel « pour ce qu'il est impossible de le rendre avecques la même grâce dont l'auteur en a usé »[1]. Cet « intraduisible » polémique était brandi pour stimuler l'innovation affranchie de l'imitation et faire valoir, précisément, les vertus de la création autochtone. Mais ce n'est plus à la même phase typologique qu'appartient Humboldt, et son intervention se situe très précisément à l'articulation entre l'époque commandée par une « politique culturelle » et celle, encore contemporaine, dominée par l'« esthétique »[2]. Contrairement à du Bellay, Humboldt ne craint pas les menaces de l'imitation en distinguant ce qu'il appelle l'« élément étranger », censé enrichir la langue-cible, et l'« étrangeté », de toute façon irréductible ; comme Schleiermacher, il refuse les traductions à la française qui proposaient un universel factice et faisaient parler tel héros grec comme s'il s'adressait au public d'un salon[3]. Bien entendu, la limite entre « étrangèreté » et « étran-

---

1. *Défense et illustration de la langue francoyse*, chap. V. On trouve un même dénigrement de la traduction chez Étienne de la Boétie, dans ses « Vers françois à Marguerite de Carle » (publiés après sa mort, en 1571) : « Jamais plaisir je n'ay pris à changer/En nostre langue aucun œuvre estranger ».

2. On voit clairement en quoi Humboldt reste encore pris, pour une part, dans des considérations de politique culturelle : les Français, selon lui, ont traduit les Anciens sans que rien de l'esprit antique n'enrichisse véritablement leur langue, tandis que la langue allemande semble adéquate à rendre le rythme de la poésie grecque…

3. Dans la présentation du texte de Humboldt qu'il a traduit, D. Thouard résume parfaitement en onze points les thèses de Humboldt sur la traduction : *cf.* W. von Humboldt, *Sur le caractère national des langues*, Paris, Le Seuil, 2000, p. 24 *sq.* C'est également l'une des raisons avancées par Schleiermacher pour refuser les traductions qui entendent faire parler l'auteur comme s'il avait écrit dans la langue où l'on traduit.

geté » est, dans la pratique, très difficile à tracer avec rigueur : il y a, comme on le sait, des néologismes qui peuvent, un temps, sembler bizarres ; mais c'est oublier que la question est exceptionnellement posée au simple niveau lexical ou terminologique[1] : la syntaxe de Mallarmé paraîtra bien plus étrange qu'une traduction de Celan, et, après Proust, la présence de phrases longues dans le discours théorique traduit de l'allemand a depuis longtemps cessé d'être surprenante. La difficulté incombe à chaque traducteur qui doit mobiliser des ressources syntaxiques parfois anciennes et obéir à une cohérence dès qu'il en aura repéré le dessein et la fonction dans l'original – il ne peut y avoir de réponse qui ressemblerait à une quelconque recette (on n'en trouve d'ailleurs nulle trace chez Humboldt qui sait à quel point chaque traduction dépend du traducteur, et qui, justement, attend qu'elle soit singulière). Surtout, et c'est ce que veut souligner Humboldt en refusant l'idée d'équivalence littérale à travers l'« étrangeté » du mot à mot, par exemple, ou du calque, les langues n'ont pas seulement une forme interne qui, à chaque application, se reforme et qui, donc, à travers tous ces usages, ne peut jamais véritablement être équivalente à une connexion interne des choses, elles offrent aussi une connexion entre des particularité sémantiques et des particularités syntaxiques : les mots se forment dans les phrases qui les utilisent et, inversement, la syntaxe se dégage à partir des formes selon lesquelles les mots constituent des phrases. Des sensations aux perceptions, puis de ces dernières aux premières synthèses (« des phonèmes qui contiennent les objets de la réalité pour ainsi dire réduits à des

---

1. Qui s'effarouche du néologisme « sélection » introduit par la traduction de Darwin en français ? Ou du fameux *Dasein* heideggérien ? Ou du « communicationnel » apparu avec la traduction des œuvres de Habermas ?

idées ») et de celles-là aux jugements, le langage est constamment présent, mais sans que l'on puisse en franchir les limites bien qu'à chaque moment intervienne ce que Humboldt appelle une « pure énergie de l'esprit » créant, pour ainsi dire *ex nihilo*, des formes linguistiques, des symboles. Jamais cependant, cette création ne se fait sans que le langage cesse d'être conçu « comme le produit d'une action réciproque simultanée où aucun des deux acteurs n'est en mesure d'aider l'autre, tandis que chacun doit assumer son propre travail en même temps que celui de tous » :

> L'« entendement commun » présuppose bien sûr que le langage conduit « aux choses ». […] Il a toujours une représentation qu'il considère comme suffisamment ajustées aux choses au point qu'il s'y fie pour agir. […] Il ne possède jamais une image définitive des choses dans leur contexte propre, mais toujours seulement l'image qu'il peut se procurer à partir de lui-même, selon sa perspective et son horizon, et les possibilités de sa langue font également partie de cet « horizon »[1].

On ne peut dissocier langage et dialogue, horizon de compréhension et usage de telle langue si bien qu'on est en permanence plongés dans un processus d'altération, de modification, de transformation, de péremption, d'innovation, sans jamais que le terme de ce processus puisse être atteint, sans non plus qu'on soit voué à une sempiternelle stagnation, tournant en rond ou revenant inévitablement sur nos propres traces[2]. La traduction est, pour Humboldt, le point où

---

1. J. Simon, *Signe et interprétation*, *op. cit.*, p. 118.
2. *Cf.* Cassirer, « Le concept dans les sciences de la nature et de la culture », dans *Logique des sciences de la culture*, trad. fr. J. Carro et J. Gaubert, Paris, Le Cerf, 1991, p. 164 : « Plus la culture se développe et se différencie en domaines particuliers, plus ce monde de significations devient riche et varié. Nous vivons

convergent ses vastes études de linguiste et de comparatiste et ses réflexions sur l'histoire.

Qu'il se rattache à la philosophie kantienne pour l'essentiel de ses conceptions n'est pas un mystère; on sait qu'il s'est efforcé, dans le Paris du Directoire, de présenter la pensée de Kant en se heurtant d'emblée à une « raison étrangère » rebelle à toute pensée transcendantale, comme en témoigne sa lettre à Schiller de 1798[1], où la question de la « traduction » *lato sensu* est au premier plan : « S'entendre à proprement parler est impossible, et cela pour une raison très simple. [...] Quand ils [les Français] se servent des mêmes mots, ils les prennent toujours en un autre sens. Leur raison n'est pas la nôtre, leur espace n'est pas notre espace, leur imagination n'est pas la nôtre »[2]. En matière d'histoire, Humboldt a donc pris pour base la philosophie kantienne et l'on reconnaît cette filiation dès le début de son essai « sur les causes motrices dans l'histoire mondiale » :

> Ce qui se produit dans le monde se laisse ramener à l'une des trois causes suivantes : la nature des choses, la liberté de l'homme et l'intervention du hasard[3].

Le hasard ne doit son existence qu'à la confrontation des deux causalités, la causalité « par nécessité » (ou causalité « naturelle »), et la causalité « par liberté » qui, effectivement,

---

dans les mots du langage, dans les figures de la poésie et des arts plastiques, dans les formes musicales, les produits de l'imagination religieuse et de la foi ».

1. *Cf.* F. Azouvi et D. Bourel, *De Königsberg à Paris. La réception de Kant en France (1788-1804)*, Paris, Vrin, 1991, p. 105-112.

2. F. Schiller, *Nationalausgabe*, vol. 37-1, *Briefe an Schiller*, 1797-1798, Weimar, Böhlau, 1981, p. 308.

3. *Cf.* G. de Humboldt, *La Tâche de l'historien*, trad. fr. A. Disselkamp et A. Laks, Lille, Presses universitaires de Lille, 1985, p. 60.

ne peuvent pas être dissociées en histoire, sinon pour les besoins ponctuels d'analyses « locales » :

> Le conflit de la liberté et de la nécessité naturelle ne peut être tenu pour résolu de manière satisfaisante ni dans l'expérience ni dans l'entendement [1].

Cela implique de renoncer à toute finalité établie du cours de l'histoire et donc de l'évolution des cultures, mais, surtout, permet de comprendre comment s'effectuent les synthèses non résolues par une unité qui les dépasserait après en avoir résulté. Bien sûr, l'analyse des déterminations « naturelles » à l'œuvre dans les langues conduit Humboldt à distinguer en elles leur matériau et la culture qu'elles sous-tendent :

> [...] la durée d'existence d'une langue, et donc sa force et sa beauté persistantes, dépendent de ce qu'on pourrait appeler son matériau, la richesse et la vitalité de la sensibilité des nations dont elle a traversé la poitrine et les lèvres, et aucunement de la culture de ces nations; [...] aucune langue ne peut se développer si elle est parlée par un groupe d'individus trop restreint; [...] seules celles dont les peuples ont réussi à traverser les siècles en vivant des destins extraordinaires (comme on peut le reconnaître, par-delà toute l'histoire connue, à leur configuration lexicale et surtout grammaticale), parviennent à prendre une ampleur telle qu'en elles se forme pour ainsi dire un monde propre [2].

Mais ces déterminations sont évidemment loin de rendre compte à elles seules de la « vitalité » et de la « richesse » d'une nation s'il s'agit de comprendre comment « la nouveauté et l'inouï peuvent surgir soudain d'un grand esprit ou d'une

---

1. *La Tâche de l'historien, op. cit.*, p. 65.
2. *Ibid.*, p. 61 *sq.*

volonté puissante », car ce qui se produit alors est « étranger au cours habituel de la nature » :

> Tout comme le génie, la passion intervient dans le cours des événements du monde. La passion authentique, profonde, celle qui mérite réellement ce nom […] ressemble à l'idée de la raison en ceci qu'elle cherche quelque chose d'infini et d'inaccessible, mais, en tant que désir, avec des moyens finis et sensibles, et en s'en tenant à des objets finis pris comme tels[1].

Ce qui relève de la causalité par liberté se caractérise par le fait que son fondement est « insondable », n'est explicable par « aucune des influences qu'il subit (car il les détermine bien au contraire toutes par sa manière d'y réagir) », sans pour autant pouvoir s'exercer ailleurs que dans un univers de part en part déterminé par la nécessité. La question que cherche à poser Humboldt repose sur une conception précise de la nature des résultats de cette synthèse individuelle entre les deux causalités :

> Les deux se limitent toujours mutuellement, mais avec cette différence étonnante qu'il est beaucoup plus facile de déterminer ce que la nécessité naturelle ne permettra jamais à la liberté d'accomplir, que ce que celle-ci commencera d'entreprendre au sein de la première[2].

C'est dire que l'analyse de la nécessité débouche toujours sur un progrès dans la prévisibilité, tandis que celle de la liberté relève de l'histoire, c'est-à-dire d'une compréhension *a posteriori*, car toute téléologie resterait, en l'occurrence, indéfiniment ouverte. Ce que produit donc toute synthèse ainsi comprise, ce sont des « institutions » au sens large, c'est-à-dire

1. *La Tâche de l'historien, op. cit.*, p. 63.
2. *Ibid.*, p. 65.

des concrétions symboliques qui restent parcourues par une dualité seconde où l'on retrouve la première (nature *versus* liberté), mais *inversée* : les œuvres produites par la liberté informant un matériau donné se figent à leur tour en données culturelles, en tradition, tandis que la passion naturelle faisant agir le génie par nécessité débouche sur des innovations bouleversant les legs de la tradition. Et cette dualité seconde est à son tour reprise, dans l'histoire, comme moteur d'une autre synthèse, elle aussi réinversant dans ses productions la nature des causalités qui l'ont mue. Il n'y a donc pas de fin identifiable à un tel processus qui admet aussi bien les déclins que les renaissances. Il n'y a donc pas de perfectionnement toujours plus grand, mais une évolution qui tend à périmer telles ou telles formes au sein d'un segment historique qui offre, pour un temps par conséquent, une certaine homogénéité culturelle.

Quelle est alors la place de la traduction dans ce dispositif ? « Les traductions sont des travaux qui, à un moment donné, sont censés tester et définir, comme s'ils disposaient d'un critère stable, l'état de la langue, et l'influencer ; les traductions doivent nécessairement être sans cesse reprises sur nouveaux frais » – la reconduction des différentes synthèses entraîne la reprise des matériaux qui furent utilisés par des synthèses antérieures, mais, chaque fois, en fonction d'objectifs déterminés par un présent, ou, plus précisément, comme on l'a dit, par la manière dont un présent pensent son rapport au passé et son anticipation de l'avenir *à travers l'articulation* qu'il en donne. Le simple progrès dans l'analyse et la compréhension d'un matériau, l'Antiquité grecque, le perfectionnement des instruments d'interprétation et l'accroissement des informations historiques permet – sans qu'il y ait là aucun enchaînement causal d'ordre mécanique – de nouvelles traductions[1]. Certes, la traduction n'est pas et ne peut être innovante comme l'est toute œuvre de génie; elle ne se situe pas du côté des créations inouïes bouleversant des formes données. Mais elle n'est pas non plus à ranger purement et simplement du côté de la tradition sédimentée sous prétexte qu'elle ne serait qu'un des truchements de sa transmission, *ancilla traditionis*. Elle est un «travail» et débouche sur un autre texte: elle s'attaque elle aussi à un donné dont elle prétend permettre une nouvelle lecture, et elle débouche, à son tour, sur un texte qui se figera, tout comme son original, en devenant matériau culturel. Mais précisément, ce travail de la traduction – lui aussi dicté tout de même par une passion, même si ce n'est pas celle du génie – prend pour matériau une sédimentation de l'élan créateur, telle œuvre, pour y retrouver et y réactiver son ressort innovant; il relance ainsi la nécessité d'élaborer de nouvelles formes, et, par ce biais, prend pleinement sa part du mouvement des synthèses successives. La traduction ne se substitue pas à la création des œuvres, elle n'a pas la même force de rupture, mais elle inscrit la tradition dans une histoire de nouveau ouverte et lui évite de se figer en musée perpétuel.

---

1. C'est ainsi qu'on peut lire aujourd'hui, en français, une nouvelle traduction de l'*Agamemnon* qui démentirait le verdict sévère à l'égard des traductions françaises de la poésie ou du théâtre grec: Pierre Judet de la Combe a publié son *Agamemnon* chez Bayard, en 2004, non sans justifier sa traduction et l'optique qui l'a commandée, non sans avoir tenu compte et du travail de Humboldt et de ses réflexions sur la traduction.

TEXTE 2

FRIEDRICH SCHLEIERMACHER
Des différentes méthodes de la traduction
Sämtliche Werke, III, 2, p. 237-245 *

En fait, plus les réflexions propres à une œuvre et leur articulation sont attachées à la particularité d'un peuple, et, sans doute davantage en outre à l'empreinte d'une époque depuis longtemps révolue, plus cette règle[1] perd de son sens. Quoiqu'il demeure vrai, à bien des égards, que l'homme ne se forme pour ainsi dire que grâce à l'intelligence de plusieurs langues, devenant alors citoyen du monde, force nous est de concéder que, ne tenant pas cette citoyenneté universelle pour authentique, puisqu'elle étouffe l'amour de la patrie aux moments décisifs, un amour universel, en matière de langue, n'est pas non plus cet amour juste et véritablement formateur qui veut mettre sur un pied d'égalité, quant à son usage vivant

---

* *Sämmtliche Werke*, 31 vol., Berlin, Reimer, 1834-1864. Le texte original est une conférence faite le 24 juin 1813 à l'Académie Royale des Sciences de Berlin.

1. Celle qui voudrait qu'on puisse traduire comme eût écrit l'auteur de l'original dans la langue où a lieu la traduction.

et supérieur, n'importe quelle langue, qu'elle soit ancienne ou
contemporaine, et la langue du pays natal. L'homme doit se
décider d'appartenir, comme à une seule patrie, à une seule
langue ou à une autre, sans quoi il se retrouverait en suspens,
sans assise, dans un entre-deux peu satisfaisant. Il est juste que
l'on continue chez nous à écrire en latin pour la rédaction
d'actes officiels, afin de maintenir la conscience que cette
langue fut, dans les sciences et la religion, celle de nos ancê-
tres; il est sain que cela ait lieu d'ordinaire dans le domaine de
la science commune à la sphère européenne puisque cela
facilite les échanges; mais, même dans ce cas, la réussite est
due au seul fait que, pour de tels exposés, l'objet est tout tandis
que la vision propre et la manière personnelle de combiner les
choses ne représentent pas grand-chose. Il en va de même pour
les langues romanes. Celui qui par obligation officielle écrit
dans une de ces langues aura cependant conscience que ses
idées, lorsqu'elle surgissent, sont allemandes, mais que très
vite, dès que l'embryon est en passe de se former, il se met à les
traduire; et celui qui, pour une science, s'oblige à pareil
sacrifice, ne se retrouvera affranchi de ces contraintes et d'une
traduction implicite que lorsqu'il se sentira tout entier dominé
par son objet. Il existe à vrai dire aussi une libre inclination à
écrire en latin ou en langue romane, et si l'on avait ainsi
vraiment pour but de produire dans une langue étrangère aussi
bien et aussi originalement que dans la sienne, je déclarerais
sans réserve que cette inclination est un tour de magie diabo-
lique, comme un dédoublement par lequel on chercherait non
seulement à se moquer des lois de la nature, mais à jeter la
confusion chez autrui. Mais, bien entendu, il n'en est pas ainsi,
car cette inclination n'est au contraire qu'un subtil jeu mimique qui permet de passer agréablement son temps dans les
vestibules de la science et de l'art. Produire dans une langue

étrangère n'est pas création originale ; mais ce sont des souvenirs de tel écrivain ou le rappel de la manière en vigueur à telle époque, représentant une personne collective, qui passent devant l'âme presque comme une image extérieure et vivante, et c'est l'imitation de cette image qui commande et détermine la production. C'est aussi la raison pour laquelle il est rare que surgisse quelque chose par ce biais qui eût, outre l'exactitude mimique, une vraie valeur ; et l'on peut prendre plaisir à ce tour capricieux, avec d'autant plus d'innocuité que la personne représentée apparaît toujours avec assez de clarté. Mais si, contre l'usage et la nature, quelqu'un s'est fait transfuge de sa langue maternelle pour se vouer à d'autres, peut-être sa dérision n'est-elle plus feinte ni affectée s'il assure ne plus pouvoir du tout se mouvoir dans la première ; c'est au contraire simplement justifier, à ses propres yeux, que sa nature est effectivement un prodige, bravant tout ordre des choses et bafouant toute règle, et c'est rassurer autrui sur le fait qu'il n'est pas double, déambulant tel un fantôme.

Nous nous sommes arrêtés trop longtemps sur l'étranger, et nous avons donné l'impression que nous parlions ici de l'écriture en langues étrangères, et non de la traduction des langues étrangères. Mais voici ce qu'il en est : quand il n'est pas possible d'écrire d'emblée dans une langue étrangère quelque chose qui soit digne d'être traduit et tout à la fois réclame la traduction considérée comme un art, ou quand il s'agit pour le moins d'une exception rare et surprenante, on ne peut pas non plus édicter pour la traduction la règle selon laquelle elle devrait penser comme l'auteur eût lui-même écrit dans la langue du traducteur ; car les écrivains bilingues ne constituent pas une profusion d'exemples autorisant qu'on en tirât une analogie à laquelle pourrait obéir le traducteur qui sera, comme nous l'avons dit, presque entièrement livré à son imagination dans toutes les œuvres qui ne sont pas l'équivalent d'une conversation légère ou ne correspondent pas au style des affaires. Qu'objectera-t-on, en effet, si un traducteur déclarait au lecteur : je t'apporte ce livre tel que son auteur l'eût rédigé s'il l'avait écrit en allemand, et si le lecteur répondait : je t'en suis aussi reconnaissant que si tu m'avais donné le portrait de cet homme tel qu'il lui ressemblerait si sa mère l'eût conçu avec un autre père ? Car, pour des œuvres qui, en un sens supérieur, relèvent de la science et de l'art, si l'esprit original de l'auteur est la mère, la langue natale en est le père. Le premier artifice, comme le second, prétend détenir une intelligence mystérieuse que personne ne détient, et c'est uniquement par jeu que l'on peut goûter avec autant de désinvolture l'un que l'autre.

À quel point est limitée la possibilité d'appliquer cette méthode, voire, dans le domaine de la traduction, à quel point elle se réduit pratiquement à rien, on le constatera au mieux en observant à quelles insurmontables difficultés elle se heurte dans certaines branches de la science et de l'art. Si force est de reconnaître que, déjà dans l'usage de la vie courante, peu de mots de telle langue correspondent parfaitement aux mots de telle autre – de manière que l'une puisse s'employer dans tous les cas où on emploierait l'autre, et qu'avec les mêmes constructions elles produiraient toutes deux chaque fois le même effet –, cela vaut *a fortiori* pour toutes les notions, d'autant plus qu'une valeur philosophique se mêle à leur contenu, et, donc au plus haut degré, pour la philosophie proprement dite. Ici, plus qu'ailleurs, toute langue comporte, en dépit des diverses opinions simultanées ou successives, un système de concepts qui, précisément parce qu'ils sont en contact, se lient et se complètent dans la même langue, constituent un tout dont les composantes singulières ne correspondent à aucune de celles du système des autres langues, et c'est à peine si font exception Dieu et l'Être, le substantif et le verbe originaires. Car même ce qui est purement et simplement universel, et bien qu'il se situe hors du champ de la particularité, reçoit de la langue son éclairage et sa couleur. C'est seulement au sein de ce système de la langue que le savoir de chacun se développe. Chacun puise dans ce qui est déjà disponible, chacun contribue à mettre au jour ce qui, sans être disponible, est cependant ébauché. C'est ainsi seulement que le savoir de l'individu est vivant et peut effectivement maîtriser son existence qu'il saisit tout entière dans cette langue-là. Si le traducteur d'un écrivain philosophique se refuse à plier la langue de la traduction, dans la mesure où c'est réalisable, à la langue de l'original, pour permettre qu'on discerne autant que possible le système de concepts développé dans cette dernière, s'il choisit au contraire de faire parler son écrivain comme s'il avait d'emblée forgé ses idées et son discours dans une autre langue, de quel autre moyen disposera-t-il, hormis la paraphrase, étant donné la dissemblance des composants des deux langues – ce faisant, il ne parviendra pas à son but, car une paraphrase ne ressemble ni ne peut jamais ressembler à quelque chose qui d'emblée aura été produit dans une même langue; ou bien il devra adapter toute la philosophie et la science de son auteur au système conceptuel de l'autre langue, transformant ainsi chacune des composantes de la pensée originale, sans qu'on puisse discerner comment fixer des limites à l'arbitraire le plus effréné. Il faut en effet reconnaître que si l'on respecte un tant soit peu les efforts et les développements philosophiques, on ne pourra se risquer à un jeu aussi vain. Si, du philosophe, je passe à l'auteur de comédies, que Platon en porte la responsabilité. Pour ce qui est de la langue, ce genre artistique est celui qui se rapproche le plus de la conversation en société. Toute la représentation est baignée par les mœurs de l'époque et du peuple, dont la langue renvoie l'image la plus vivante. La légèreté et le naturel de la grâce sont ses premières vertus ; et c'est précisément la raison pour laquelle les difficultés de la traduction qui suit la méthode que nous venons de considérer sont inouïes. Car tout rapprochement vers une langue étrangère nuit à ces vertus de l'exposition. Mais si le traducteur entend faire parler un auteur de théâtre comme s'il avait d'emblée écrit dans la langue de la traduction, il ne pourra pas du tout lui faire exposer nombre des choses, car elles ne sont pas indigènes parmi ce peuple, et, pour cette raison, ne disposent d'aucun signe dans cette langue. Par conséquent, le traducteur doit ou bien couper tout cela, et donc détruire la forme et la force de l'ensemble, ou y substituer autre chose. Dans ce domaine, suivre complètement cette recette conduit manifestement à la simple imitation ou à un mélange, encore plus rebutant et trompeur, de traduction et d'imitation, où le lecteur est impitoyablement ballotté entre son monde et le monde étranger, entre l'invention et le « génie »[1] de l'auteur et ceux du traducteur, ce qui ne saurait lui procurer aucun vrai plaisir, mais finit certainement par susciter chez lui vertige et lassitude. En revanche, le traducteur qui suit l'autre méthode ne se trouve pas sommé de se livrer à ces transformations arbitraires, car son lecteur doit toujours avoir présent à l'esprit le fait que l'auteur a vécu dans un autre monde, a écrit dans une autre langue. Il s'en tiendra seulement à l'art, certes difficile, de suppléer le plus brièvement et le plus adéquatement à la connaissance de ce monde étranger, et de toujours laisser transparaître le naturel et la facilité supérieurs de l'original.

---

1. Schleiermacher emploie le terme de *Witz* dont le champ sémantique va de la « trouvaille » au « mot d'esprit » en passant par l'« *ingenium* ».

Ces deux exemples, empruntés aux limites extrêmes de l'art et de la science, montrent clairement qu'il est difficile d'atteindre le but véritable de toute traduction, goûter si possible sans le moindre travestissement les œuvres étrangères, si l'on obéit à une méthode qui veut absolument insuffler dans l'œuvre traduite l'esprit d'une langue qui lui est étrangère. À cela s'ajoute aussi le fait que toute langue est singulière dans les rythmes de sa prose et de sa poésie, et que, si jamais la fiction a cours selon laquelle l'auteur pourrait avoir écrit dans la langue du traducteur, il faudra le présenter en suivant aussi les rythmes de cette langue, ce qui défigurera davantage son œuvre et limitera davantage la connaissance de sa singularité que procure la traduction.

Du reste cette fiction, sur laquelle pourtant se fonde la théorie de la traduction qui maintenant nous occupe, dépasse de loin le but de cette activité. La traduction, du premier point de vue, ressortit au besoin d'un peuple dont seule une part restreinte peut acquérir une connaissance suffisante des langues étrangères, tandis qu'une part plus importante s'entend à goûter des œuvres étrangères. Si cette part plus large pouvait se muer en la première, la traduction des œuvres deviendrait inutile et presque personne ne voudrait se lancer dans une tâche aussi ingrate. Il n'en va pas de même avec la seconde manière. Elle n'a rien à voir avec le besoin : elle est au contraire le fruit du caprice et de l'orgueil. Les langues étrangères pourraient être aussi répandues qu'il est possible, et l'accès à leurs œuvres les plus nobles ouvert à tous ceux qui sont capables de les goûter : cela resterait pourtant une bizarre entreprise que celle qui rassemblerait un auditoire d'autant plus nombreux et attentif que l'on promettrait de nous présenter une œuvre de Cicéron ou de Platon comme ces auteurs l'eussent d'emblée écrite en allemand. Et si quelqu'un allait

jusqu'à faire cela non seulement dans sa propre langue maternelle, mais dans une langue étrangère, il serait évidemment à
nos yeux le maître suprême dans l'art difficile et presque
impossible de fondre les esprits des diverses langues. Mais on
comprend qu'à strictement parler ce ne serait plus traduire, et
que la finalité ne serait pas non plus de goûter aussi précisément que possible les œuvres elles-mêmes; au contraire,
cela deviendrait toujours plus une imitation, et seul pourrait
goûter une telle œuvre d'art ou un tel artifice celui qui, sans
avoir besoin de ce travail, connaîtrait déjà sans médiation
l'écrivain d'origine. Et le but véritable ne pourrait être alors
que de montrer dans le détail que certaines expressions et
combinaisons dans différentes langues ont la même relation
avec un caractère déterminé, ou, dans l'ensemble, de donner à
la langue l'éclairage de l'esprit particulier d'un maître étranger, mais après l'avoir séparé et affranchi complètement de sa
propre langue. Comme ce n'est là qu'un jeu artificiel et
affecté, qui repose sur une fiction presque irréalisable, on
comprend que cette manière de traduire ne s'exerce qu'à
travers de rares tentatives qui elles-mêmes montrent assez
clairement qu'en général on ne peut procéder ainsi. On
comprend aussi qu'à l'évidence seuls les grands maîtres, qui
peuvent se permettre des choses extraordinaires, puissent
travailler selon cette méthode; et, parmi eux, il serait légitime
de ne l'accorder qu'à ceux qui ont déjà accompli leurs véri-
tables obligations dans le monde et peuvent désormais se livrer
à un jeu aussi excitant et, d'une certaine manière, dangereux.
Mais l'on comprend d'autant plus facilement que les maîtres
qui se sentent en droit de tenter pareille entreprise jettent un
regard quelque peu commisératif sur l'activité des autres
traducteurs. Ils prétendent, en effet, être véritablement les
seuls à pratiquer ce bel art libre, tandis que ces derniers leur

semblent être beaucoup plus proches de l'interprète, puisqu'ils sont au service d'un besoin, fût-il d'ordre supérieur. Ils leur semblent dignes de compassion, parce qu'ils consacrent beaucoup plus d'efforts et d'art que n'en réclame ordinairement une activité ingrate et subalterne. C'est pourquoi ils sont très disposés à conseiller qu'au lieu de faire de semblables traductions, on devrait s'aider autant que possible de la paraphrase, comme le font les interprètes dans les cas difficiles et discutables.

Que faire? Devons-nous partager ces vues et suivre ce conseil? Les Anciens ont manifestement peu traduit dans ce sens le plus véritable, et la plupart des peuples plus récents, effrayés par les difficultés de la traduction au sens propre, se sont contentés de l'imitation et de la paraphrase. Qui prétendra qu'on ait jamais traduit en français quoi que ce soit des langues anciennes et des langues germaniques? Mais nous autres Allemands, quand bien même nous prêterions l'oreille à ce conseil, nous ne le suivrions pourtant pas. Une nécessité interne, où s'exprime assez clairement une vocation spécifique de notre peuple, nous a poussés à traduire massivement; nous ne pouvons reculer, et il nous faut poursuivre. De même, sans doute, que grâce à la transplantation de nombreuses espèces étrangères notre sol s'est enrichi, devenant plus fécond, notre climat plus doux et plus agréable, nous sentons de même que notre langue, insuffisamment mobile en raison de l'inertie nordique, ne peut régénérer sa croissance et développer pleinement sa propre force que grâce aux contacts les plus variés avec l'étranger. Et cela semble coïncider avec le fait que notre peuple, en raison de son respect pour l'étranger et de sa nature médiatrice, pourrait être destiné à rassembler dans sa langue, en les unissant aux siens, tous les trésors de la science et de l'art étrangers pour former en quelque sorte un grand ensemble historique, préservé au centre et au cœur de l'Europe, afin que, grâce à notre langue tout un chacun puisse simplement et pleinement goûter ce qu'ont produit de beau les époques les plus diverses, autant qu'il est possible à un étranger. Voilà qui semble être, en fait, la véritable finalité historique de la traduction à grande échelle, telle qu'elle s'est désormais installée chez nous. Mais à ce type de traduction seule est applicable la méthode que nous avons analysée en premier lieu. Et cet art doit apprendre, autant que possible, à vaincre les difficultés que nous n'avons pas dissimulées. Les débuts furent bons, mais l'essentiel reste à faire. De nombreux essais et exercices sont là encore nécessaires avant de parvenir à des œuvres excellentes ; bien des choses rayonnent un temps, avant d'être dépassées par d'autres. Dans quelle mesure certains artistes sont déjà venus à bout des difficultés, et dans quelle mesure ils ont su avec bonheur se faufiler parmi elles, maints exemples nous permettrons de l'observer. Et, bien qu'il y ait aussi des médiocres qui travaillent dans ce domaine, nous n'aurons pas à craindre que leurs efforts infligent de graves dommages à notre langue. Force est d'admettre, d'abord, que, dans une langue où la traduction est pratiquée à une telle échelle, il existe un domaine langagier propre aux traductions auxquelles on passera bien des choses qui ne seront pas tolérées ailleurs. Celui qui, néanmoins, propage indûment de telles innovations, n'aura que peu ou pas de postérité, et si nous ne prétendons pas faire un bilan sur un laps de temps trop bref, nous pouvons nous en remettre au processus assimilateur de la langue qui éliminera par la suite tout ce qu'une nécessité passagère lui avait fait accepter, et qui ne convient pas véritablement à sa nature. En revanche, nous ne sommes pas fondés à ignorer que maintes choses belles et puissantes n'ont pu se développer ou n'échapper à l'oubli que grâce à la traduction. Nous ne parlons pas assez, et bavardons trop ; on ne peut nier que depuis assez longtemps la manière d'écrire ait excessivement suivi cette voie ni que la traduction ait considérablement contribué à rétablir un style plus rigoureux. S'il arrive qu'un jour nous ayons une vie publique qui permettra, d'un côté, le développement d'un commerce social plus riche de contenu et plus soucieux de justesse dans son langage, et, de l'autre, un gain d'espace plus libre pour le talent de l'orateur, peut-être alors aurons-nous moins besoin de la traduction pour la formation de la langue. Puisse cette époque voir le jour avant que nous ayons parcouru comme il se doit toute la trajectoire des efforts des traducteurs !

COMMENTAIRE

Il ne faut pas s'attendre que Schleiermacher délivre, dans cette conférence, des « méthodes » de traduction au sens trivial du mot : il ne s'agit pas de *modus operandi*, mais de « principes » généraux qui, certes, commandent la pratique, mais n'en détermine pas de manière détaillée la démarche. Les praticiens de la traduction savent bien qu'il est impossible de subsumer sous des règles générales la complexité de leur travail. Plus encore, cette impossibilité est fondée sur ce fait, parfaitement admissible *in abstracto*, moins évident à comprendre dans toutes ses implications, que les textes sont tous d'abord des singularités avant qu'on y puisse déchiffrer et discerner un sens communicable[1]. La question n'est pas neuve : en 1540, Étienne Dolet publiait son traité célèbre, *La Manière de bien traduire d'une langue en aultre*, et se risquait à énoncer cinq « règles » pour bien traduire. La première impose que « le traducteur entende parfaictement le sens et

---

1. Dans sa présentation générale du texte de Schleiermacher et dans le commentaire qu'il en donne, Ch. Berner cite d'ailleurs une lettre de Schleiermacher à sa femme, et qui, évoquant cette conférence, en désigne ainsi le thème : « sur les différents principes du traduire… » (*Aus Schleiermachers Leben in Briefen*, vol. 2, Berlin, Riemer, 1860, 2ᵉ éd., p. 299-300.

matière de l'autheur qu'il traduict : car par cette intelligence il
ne sera jamais obscur en sa traduction ». On cherchera en vain
chez Dolet une explication plus détaillée de ce en quoi consiste
exactement comprendre le sens du texte et l'objet qu'il a choisi
pour thème. Et il en va de même dans nombre d'essais du
même genre qui tiennent toujours pour allant de soi les
opérations les plus complexes, c'est-à-dire l'interprétation[1] et
la récriture[2]. Si l'on ne trouve donc pas chez Schleiermacher
de « méthode » au sens d'*instructions for use*, il est néanmoins
possible de reconstruire à partir de son herméneutique des
cadres, voire des règles *ad directionem ingenii traducentis*.

Les mobiles qui le conduisent à prendre parti sur cette
question de la traduction sont multiples. Tout d'abord, il est
lui-même un traducteur remarquable : c'est lui qu'on doit
d'avoir traduit, entre autres textes, toutes les œuvres de Platon
en allemand (cette traduction est encore très largement usitée
aujourd'hui, elle est *la* traduction, désormais classique, que
l'on cite couramment outre-Rhin). Mais c'est aussi un philosophe dont la pensée arrive précisément à maturité dans les

---

1. Pour être tout à fait rigoureux il faudrait parler ici de « compréhension »
(qui présuppose un sujet auquel le sens est accessible puisqu'un autre sujet l'a
forgé) et non d'interprétation dans la mesure où ce dernier terme renverrait
plutôt à une méthode étrangère à l'herméneutique. L'interprétation supposerait
un sens préalable aux textes ou dépassant les sources textuelles, échappant à
l'auteur (ce serait, par exemple, le cas de la psychanalyse ou de l'herméneutique gadamérienne ; dans ce cas, on entre dans un inextricable écheveau de
contradictions, car si le sens dépasse le sujet qui ne le maîtrise pas, c'est
toutefois un autre sujet qui en détient la clef grâce à une autorité particulière).

2. La « Lettre LVII à Pammachius » (qui date de 395 ou 396) de saint
Jérôme ne fait pas exception, et, en guise de « méthode de traduction », Jérôme
se borne à rappeler la formule de Cicéron – traduire non pas mot à mot, mais
traduire des idées ; cf. *Lettres*, III, trad. fr. J. Labourt, Paris, Les Belles Lettres,
1953, p. 59 et p. 61.

années 1809-1815, et dont les grands axes, herméneutique, dialectique, éthique, ont tous un rapport direct avec la traduction :

> Pour l'herméneutique, traduire est un cas particulier de l'acte de comprendre […], pour la dialectique, penser et parler sont intimement liés et la traduction est indispensable au dialogue qui construit le savoir […], pour l'éthique, la traduction conditionne les échanges et la communication… [1].

Enfin, et c'est ce qui explique en grande partie son rejet de la traduction cherchant à donner l'illusion que l'auteur eût écrit dans la langue-cible, le contexte historique est encore largement dominé par le rayonnement français et la manière française de traduire, justement dénoncée, en 1816, par Madame de Staël, bien placée pour apprécier ce qui commençait outre-Rhin à vouloir y échapper :

> Il ne faut pas, comme les Français, donner sa propre couleur à tout ce qu'on traduit ; quand même on devrait par là changer en or tout ce que l'on touche, il n'en résulterait pas moins que l'on ne pourrait pas s'en nourrir ; on n'y trouverait pas des aliments nouveaux pour sa pensée, et l'on reverrait toujours le même visage avec des parures à peine différentes [2].

L'attente, irréfléchie le plus souvent, que le traducteur offre aux destinataires de son travail un texte qui serait équivalent à ce que l'auteur de l'original eût écrit s'il l'avait fait dans cette langue-là et non dans la sienne, ne sera jamais satisfaite, et pour cause. Les auteurs qui savent écrire dans deux langues et pratiquent cette double écriture (Becket ou Green,

---

1. *Cf.* Ch. Berner, « Présentation », dans F. Schleiermacher, *Des différentes méthodes du traduire*, *op. cit.*, p. 12.
2. « De l'esprit des traductions », dans *Œuvres complètes* II, Paris, Firmin-Didot, 1836, p. 294.

par exemple, mais ce n'est pas moins vrai de Leibniz), ont
toujours unanimement dit qu'ils n'écrivaient jamais la même
chose lorsqu'ils utilisaient l'un plutôt que l'autre des deux
matériaux à leur disposition. Non seulement les rapports idio-
matiques à chacune des deux langues ne peuvent être ni identifiés ni substitués l'un à l'autre, ils ne font que coexister chez
l'auteur, mais les moments différents d'élaboration des textes
dans l'une et l'autre langue ne se fondent pas sur une même
rupture initiale, et ce qu'il aura fait dire, à travers ses œuvres
dans l'une et dans l'autre langue, sera dans le prolongement de
deux traditions déjà diversement constituées et s'exprimera
sans qu'on puisse le comprendre hors de leurs formes respec-
tives et non congruentes. En outre, retraduire, par exemple
Nietzsche en français aujourd'hui, ne peut prétendre imposer
au français contemporain le même type de rupture que
Nietzsche entendait produire par rapport à l'allemand acadé-
mique de son temps, d'autant plus qu'il s'inspirait lui-même,
pour une part, de la forme aphoristique telle qu'il l'avait lue
chez les « moralistes » français du XVIIIe siècle. Cela ne signifie
pas néanmoins qu'une traduction nouvelle ne pourrait pas
jouer un rôle en quelque sorte critique par rapport à une
certaine tradition littéraire d'interprétation et de réception ni
qu'elle ne saurait pas produire un texte lui-même innovant, du
moins pour un temps. Mais il est alors illusoire d'imaginer
qu'une telle traduction pourrait se dispenser de reconstruire
d'abord ce par quoi et ce en quoi le texte original a rompu avec
une manière, historiquement déterminée elle aussi, de traiter le
matériau langagier au sein du contexte intellectuel de son
emploi : impossible d'échapper, d'une part, à la singularité
d'un rapport idiomatique à telle langue, et, d'autre part, à cette
autre singularité, temporelle et historique qui, inévitablement,
encadre tout texte – Nietzsche ne « vieillit » pas en français

comme en allemand ni ne « rajeunit » par les mêmes biais. Il n'eût pas écrit aujourd'hui la «même» chose après Freud, Thomas Mann, Cassirer et Adorno, après Spengler, Rickert et Heidegger. Mais si l'on retraduit, par exemple, *Le Gai Savoir*, il faut être attentif à la manière dont Nietzsche cherche à lier entre eux les aphorismes du début sur un mode qui rappelle la fugue, il faut se souvenir que les deux premiers livres ont été conçus comme les prolongements d'*Aurore*, que le quatrième surgi dans un contexte intellectuel différent, et qu'enfin le cinquième a été écrit après *Ainsi parlait Zarathoustra* et *Par-delà bien et mal*, à un moment où l'auteur jette un regard rétrospectif sur toute son œuvre, tandis que certains « thèmes » obéissent eux aussi à une histoire propre et interne à l'œuvre qui les retravaille, les présente ou les masque autrement, les formule donc différemment.

Un autre motif, moins apparent celui-là, est présent dans la critique à laquelle se livre Schleiermacher de ceux qui voudraient voir les traducteurs directement inspirés par l'auteur de l'original comme si ce dernier écrivait dans leur langue[1]. Il s'agit, précisément, du contexte romantique où Novalis (et Friedrich Schlegel) esquissent, de manière fragmentaire et sans doute aussi volontairement laconique, une réflexion sur la traduction.

Au fragment 68 de ses *Pollens*[2], Novalis énumère quels sont, selon lui, les trois types de traduction : les traductions « grammaticales » qui ne réclament que de l'érudition et ne

---

1. Cicéron était déjà conscient de ce problème : « Au travail [de traduction] on oppose deux genres de critique. En voici un : "Oui, mais les Grecs font mieux". À celui-ci il n'y a qu'à demander si les Grecs pourraient faire mieux en latin… » (*Du meilleur genre d'orateur, op. cit.*, IV, 18).

2. Cf. *Œuvres complètes* I, trad. fr. A. Guerne, Paris, Gallimard, 1975, p. 366 *sq.*

font appel qu'aux facultés discursives, les « versions d'interprétation » qui font appel à « l'esprit poétique le plus haut », car
le traducteur est censé y être « le poète du poète », et, enfin, les
traductions « mythiques » dont il n'existe à ses yeux aucune
réalisation complète et qui exigeraient que se « compénètrent
l'esprit poétique et l'esprit philosophique »[1]. Si l'on discerne
sans difficulté à quoi Novalis fait allusion en décrivant les
traductions du premier type – philologiques et prosaïques –, on
serait tenté de croire que les traductions du deuxième type non
seulement s'opposeraient dans leur démarche et leur objet
à celles du premier, mais satureraient en quelque sorte la
description de la traduction en général. Or la présence d'un
troisième type, d'une part, et le fait que Novalis n'oppose pas
ces trois genres, d'autre part, en dépit de la hiérarchisation à
peine implicite qui sous-tend sa présentation, pose la question
de l'extension de la notion de traduction à une sorte d'histoire
secrète de la culture qui n'en serait qu'à ses débuts. Tandis que
les traductions du premier type renvoient au « sens habituel »
du terme et à une pratique courante, les traduction du
deuxième type exigent que le traducteur soit en fait « lui-même
un artiste et se montre capable d'exprimer l'idée de l'ensemble
en usant à sa guise de tel ou tel moyen. Il doit être le poète du
poète et pouvoir lui faire dire *son* idée, sans cesser pour autant
de s'exprimer soi-même et de parler sa propre langue ». Le
risque de telles traductions est celui du « travestissement »,
et rejoint, pour une part, ce que dénonce Schleiermacher
lorsqu'il refuse que le traducteur prenne en quelque sorte le

---

1. On retrouve la même idée chez Fr. Schlegel (ce qui n'est nullement
étonnant puisqu'on sait qu'ils ont échangé leur signature pour certains fragments publiés dans l'*Athenäum*), cf. *Kritische Friedrich-Schlegel-Ausgabe*,
t. XVIII, *Philosophische Fragmente* III, Paderborn, Schöningh, 1963, p. 50 :
« Les traductions sont *mythiques*, *physiques* (techniques) ou *historiques* ».

pas sur l'auteur de l'original en faisant sien son texte au point qu'on finirait par ne plus rien discerner de cet original dans la traduction, taillée si exactement au goût des récepteurs de l'époque qu'ils ne verraient plus ce que fut l'intérêt initial de ce qu'on leur transmet. Novalis veut cependant davantage en indiquant bien que le poète-traducteur doit ne renoncer ni à l'idée de l'original ni à son propre style. Ce type de traductions correspond à certaines « réussites » qui font date ou qui font école : le *Faust* traduit par Nerval en est un exemple, tout comme certaines traductions par Celan de René Char – bien qu'on puisse également constater que toutes pourraient être reprises, refaites, et c'est d'ailleurs le cas (de telle sorte que ces « traductions » finissent par faire plutôt partie de l'œuvre du poète qu'elles ne sont bien commun de la réception). Quoi qu'il en soit, Novalis rétablit ici la prise en compte de l'histoire et de la singularité des textes puisqu'il s'agit bien de traduire une « idée » à travers un style, même s'il paraît difficile de concevoir, dans l'original, une possible séparation de l'« idée » et du style. Cette équivoque est à l'arrière-plan de la troisième sorte de traductions, les traduction dites « mythiques », dont Novalis donne deux exemples, tout en soulignant qu'ils ne constituent pas un modèle achevé de traduction du troisième genre : la mythologie grecque et la Madone moderne. La mythologie « traduirait » une religion nationale sous la forme d'un système de symboles, et la Madone « traduirait » l'idée qu'elle est elle-même indépendamment de toute figuration[1]. On quitte alors le terrain de la traduction proprement dite, et, du même coup, celui du lien indéfectible qui rattache tout texte à une temporalité et à une histoire singulières. Car c'est une

---

1. *Cf.* l'explication que donne A. Berman, *L'Épreuve de l'étranger*, Paris, Gallimard, 1984, p. 181 : la Madone serait le schème sensible d'une idée.

même « idée », transhistorique, qui pour Novalis traverse les
différentes représentations de la Madone; même si la traduction mythique renvoie encore au référent historique de la
Marie chrétienne, elle le dépasse radicalement pour devenir ce
que Schlegel appelle « un idéal originel, éternel, nécessaire,
sinon de la raison pure, du moins de la raison féminine et
masculine »[1]. Accorder ainsi à la traduction un statut éminent
conduit, par ailleurs, à lui retirer toute effectivité, en refusant
d'affronter, comme le veut Schleiermacher, la singularité du
rapport que chaque individu entretient à sa propre langue, la
finitude que cela implique – tant pour l'original que pour la
traduction achevée –, et, surtout, le fait que toute traduction se
confronte à une articulation historique complexe dans un
présent lui-même en mouvement. Face à l'ironie romantique
qui privilégie la contemplation et le fragment, l'une et l'autre
jugeant vain tout effort systématique, Schleiermacher oppose
la reconnaissance d'une finitude et fait valoir que cette
dernière ne doit pas entraîner un jugement en quelque sorte
suspensif, mais bien un encouragement à intervenir dans
l'histoire[2] en assumant toutes les implications de ce type
d'intervention. Si la raison est « finie », alors la « raison étrangère » est nécessaire, et cette conséquence est également
confortée d'un point de vue moral puisque reconnaître autrui
comme une personne exige qu'on le respecte jusque dans
l'usage logique qu'il fait de sa raison[3]. Et cette finitude part du

---

1. Cf. *L'Absolu littéraire*, Ph. Lacoue-Labarthe et J.-L. Nancy (éds.), Paris,
Le Seuil, 1978, p. 132.

2. *Cf.* Kant, *Logik*, Ak. IX, p. 43; les philosophes ne peuvent pas se croire
dispensés de tenir compte de l'histoire.

3. *Cf.* Kant, *Anthropologie du point de vue pragmatique*, Ak. VII, 128,
dans *Œuvres philosophiques* III, trad. fr. P. Jalabert, « Bibliothèque de la
Pléiade », Paris, Gallimard, p. 946.

constat qu'il n'est pas possible de « distinguer subjectivement la persuasion de la conviction », de sorte que nous sommes voués à « faire l'épreuve sur l'entendement d'autrui des raisons qui sont valables pour nous afin de voir si elles produisent sur une raison étrangère le même effet que sur la nôtre ». Même ce moyen reste « purement subjectif », et nous sommes renvoyés à la « rhétorique » comprenant « l'éloquence et l'art de bien parler », c'est-à-dire à des « beaux-arts » qui, d'un côté, permettent qu'on tienne compte de l'entendement des autres dans la structuration de notre propre discours, mais, d'un autre, peuvent très vite donner dans le travers de vouloir « exploiter les faiblesses des hommes à nos propres fins »[1].

Tous ces aspects de la finitude justifient le principe de base de l'herméneutique de Schleiermacher qui commande la nécessité de la traduction : il s'agit d'un « fait », celui de « la non-compréhension du discours », et « l'art de l'interprétation est donc l'art d'entrer en possession de toutes les conditions nécessaires à la compréhension »[2]. La traduction est une partie de cet « art », et elle aussi part du « fait » que le texte qu'elle a l'intention de traduire se situe en-deçà même de toute « précompréhension » immédiate, même si l'on doit présupposer non seulement une connaissance de la langue et du sujet, mais aussi un *sensus communis* au sens précis où il n'y aurait « aucun usage de la raison » si l'on ne disposait « d'aucune condition d'accord général avec soi en tenant compte de soi et

---

1. *Cf.* Kant, *Critique de la faculté de juger*, Ak. V, 327, trad. fr. A. Delamarre, J.-R. Ladmiral et M. de Launay, dans *Œuvres philosophiques complètes* II, *op. cit.*, p. 1114. *Cf.*, également, J. Simon, *Kant. Die fremde Vernunft und die Sprache der Philosophie*, Berlin, de Gruyter, 2003, p. 271.

2. Schleiermacher, *Herméneutique*, trad. fr. Ch. Berner, Paris Le Cerf-PUL, 1987, p. 73.

des autres »[1], ce qui ne veut pas dire qu'un tel accord repo-serait sur d'identiques représentations puisqu'elles sont préci-sément ce qui nous singularise. Cela signifie simplement qu'on renonce aux différentes formes du préjugé « différentialiste » qui voudrait voir étanches les frontières entre telles époques ou telles cultures ; mais ce n'est pas pour donner dans la trivialité d'une communicabilité générale en présupposant un niveau d'intelligibilité universelle qui correspondrait, dans la prati-que de lecture et d'interprétation à une sorte d'allégorisation hyperbolique de tout texte, au point qu'on établirait une rela-tion de proportionnalité entre la possibilité de l'allégorèse ainsi comprise et la traductibilité. Ce n'est pas en masquant toutes les distances qui nous éloignent de la compréhension d'un texte qu'on se rapprocherait de la possibilité de sa trans-mission ; c'est au contraire en faisant de « cet éloignement l'indice heuristique de l'identité de l'œuvre »[2] qu'on peut enfin distinguer un texte des usages auxquels la tradition l'a voué, et parvenir à cette singularité qui l'a fait surgir et qui, de ce fait, en permet la traduction. Schleiermacher appelle « para-phrase » cette manière de réduire à une sorte de fonds commun d'intelligibilité exsangue l'originalité des textes. Et, de même qu'il rejetait l'« imitation » au profit d'une véritable confron-tation avec le caractère étranger des textes à traduire, il fustige la paraphrase qui, elle aussi, cherche à contourner les difficultés de la traduction.

Traduire un texte consiste à mobiliser à la fois le « sens commun esthétique » et le « sens commun logique » qui ne sont en réalité pas deux formes distinctes de sens commun,

---

1. Kant, *Nachlassreflexionen*, n° 6853.
2. J. Bollack, « Zum Verhältnis von Aktualität und Ueberlieferung », *Neue Hefte für Philosophie*, Göttingen, n° 15/16, 1979, p. 13.

mais ne sont effectifs et efficients que pour être toujours liés. De même entendement et imagination ne peuvent qu'être mis en rapport pour maintenir une aptitude à la communication mutuelle[1]. Mais cette mise en rapport signifie tout aussitôt qu'il est impossible de croire à la moindre confusion ou identification, si bien que la communication effective est toujours simplement une tentative, de même la compréhension puisqu'il lui faudra toujours renoncer à être un commentaire pour redevenir un texte. Que la marque de la finitude s'applique à toutes les étapes du travail de traduction ne signifie pourtant pas qu'il serait secrètement voué à l'échec ou à une « impossibilité » sans cesse redite, qui, néanmoins, ne sait brandir que l'illusion de l'identité. Le « sens » d'un texte « se constitue dans la matière, dans son utilisation spécifique qui demande un apprentissage quasi technique »[2], il est vain d'espérer reproduire ne serait-ce qu'une identique utilisation d'un matériau par nature différent : « Le sens de tout texte résulte d'un jeu savant avec les outils de la signification dont dispose un auteur. L'art seulement fixe parce que c'est toujours le « comment c'est dit » qui fait le sens »[3].

La « méthode » que Schleiermacher privilégie préconise donc de conduire le lecteur « à la rencontre » de l'auteur en préservant l'originalité de ce dernier. Cela ne consiste pas, pour reprendre l'opposition extrême entre « sourciers » et « ciblistes », à privilégier le signifiant de langue-source au détriment du signifié de langue-cible, car on aboutirait à un littéralisme où dominerait en réalité l'arbitraire pur et simple, sans que le lecteur, ignorant la langue de l'original, puisse

---

1. *Cf.* Kant, *Critique de la faculté de juger*, § 40.
2. J. Bollack, *Sens contre sens*, *op. cit.*, p. 20.
3. *Ibid.*, p. 81.

discerner quoi que ce soit de ce qu'a véritablement « dit » l'auteur en imposant sa « parole » contre et dans sa « langue ». Mais cela consiste à se plonger dans l'historicité du langage en tenant compte et du fait que la pensée de l'auteur a été déterminée par un état de sa langue, et de cet autre fait, équivalent en dignité, que son œuvre a d'abord surgi du rapport qu'il a établi avec cette langue en produisant « de nouvelles formes dans sa matière ductile, avec au départ pour seul but momentané de communiquer une conscience transitoire, formes qui subsistent plus ou moins dans la langue, et, reçues par d'autres, agissent par contiguïté en prolongeant leur effet formateur »[1]. Cela consiste aussi à mieux fonder l'interprétation qui servira de guide :

> Le meilleur moyen, pour l'interprète, de se soustraire à l'influence des conditions psychologiques, sociales et historiques, ainsi que d'échapper à la simple subjectivité du jugement, consiste à déclencher son explication là où l'œuvre reflète ses propres ressources et montre qu'elle se détache de formes antérieures d'expression cependant qu'elle les implique dans son projet et, ce faisant, les surmonte[2].

Tout traducteur sait bien que l'énoncé des principes n'aura pour meilleur ennemi que… la pratique, c'est-à-dire la confrontation aux ressources de sa propre langue, à telle étape de son histoire, et telles qu'elles sont effectivement présentes ou mobilisables chez lui. Schleiermacher est tout à fait conscient de la difficulté pour avoir justement assez montré combien restait individuel le rapport au langage :

1. Schleiermacher, *Des différentes méthodes du traduire*, *op. cit.*, p. 41.
2. J. Bollack, « Zum Verhältnis von Aktualität und Ueberlieferung », *art. cit.*, p. 9.

Déjà, dans le détail, combien de fois un mot nouveau de la langue d'origine a-t-il pour correspondant un mot ancien et usé de la nôtre. [...] Combien de fois, bien qu'il puisse reproduire du neuf avec du neuf, se trouvera-t-il que le mot le plus semblable par sa composition et son origine n'est pas celui qui reproduit le mieux son sens [1].

Force est donc de reconnaître qu'il est douteux que la langue du traducteur « ait la même cohérence que celle de son auteur », et le premier devra se contenter de réussites partielles, de cohésions locales, de rigueur terminologique relative, etc. Dans la pratique, en effet, le traducteur est confronté non seulement au rapport de l'auteur à sa langue, tel qu'il se manifeste dans le texte original ainsi qu'au contexte de sa tradition et de l'état de sa culture, mais aussi à son propre rapport à *deux* langues, au contexte et à l'état nécessairement différents de sa tradition et de sa culture : il est impossible de maîtriser *totalement* ce réseau complexe (dans le texte original, *tout* est information, et cette totalité ne peut pas être entièrement réduite à une transparence transmissible). Néanmoins, un autre texte se forge, par la médiation des singularités historiques qu'on a évoquées, et l'importance du détour par « l'étranger » est indispensable, moins parce qu'elle enrichit un patrimoine lexical ou bibliothécaire, mais parce qu'elle est la condition même d'une validation du savoir, et parce qu'elle impose l'effort de passer par d'autres « aspects » [2], soit d'un problème jugé en apparence identique, soit, surtout, d'une manière d'aborder et de traiter telles ou telles problématiques ou tels ou tels matériaux esthétiques. Encore une fois,

---

1. Schleiermacher, *Des différentes méthodes du traduire*, *op. cit.*, p. 59.
2. Ce terme doit être pris au sens large qui inclut également son emploi en linguistique : « key hole » et « trou de scrrure » ne présentent pas sous un même angle un référent « identique ».

les questions lexicales sont secondaires par rapport aux syntaxiques qui font toute la différence et l'intérêt.

La traduction entre donc, comme le souligne assez Schleiermacher, dans une politique culturelle, mais aussi dans un processus de savoir et de recherche dont elle est un auxiliaire indispensable. En outre, le « style », qui est la synthèse toujours évolutive, entre rapport idiomatique à une langue et rapport « objectif » au système de cette langue, est l'expression même de la synthèse individuelle entre ce qui est donné et ce qui mobilise une spontanéité innovante : le style est le temps sédimenté dans des œuvres, il est le signe de l'histoire. Pas plus qu'on ne peut penser seul et dans une seule langue, c'est-à-dire dans le cadre d'une seule relation, fixée par telle langue, à la réalité, on ne peut ignorer l'histoire des autres ni refuser d'y prendre part. Enfin, et malgré toutes les faiblesses qui grèvent la traduction et ses résultats, il serait faux de croire qu'on devrait sans cesse reprendre ce genre de tâche *ab ovo* ; il y a incontestablement un progrès dans la manière de traduire (et qui n'est pas simplement d'ordre technique, même si l'accroissement des sources d'information disponibles y contribue), et dans la traduction quasi contemporaine d'une bonne part des œuvres. La confiance que met Schleiermacher dans l'avenir d'une vie publique si richement développée qu'elle pourrait se passer des « efforts des traducteurs » est assez teintée d'ironie pour qu'on entende bien toute l'insistance qu'il met à vouloir toujours les encourager.

TABLE DES MATIÈRES

Achevé d'imprimer par Corlet Numérique - 14110 Condé-sur-Noireau
N° d'Imprimeur : 137767 - Dépôt légal : avril 2017 - *Imprimé en France*